Jürgen Rost · Manfred Prenzel · Claus H. Carstensen
Martin Senkbeil · Katrin Groß

Naturwissenschaftliche Bildung in Deutschland

Jürgen Rost · Manfred Prenzel
Claus H. Carstensen
Martin Senkbeil · Katrin Groß

Naturwissenschaftliche Bildung in Deutschland

Methoden und Ergebnisse von PISA 2000

VS Verlag für Sozialwissenschaften
Entstanden mit Beginn des Jahres 2004 aus den beiden Häusern
Leske+Budrich und Westdeutscher Verlag.
Die breite Basis für sozialwissenschaftliches Publizieren

Bibliografische Information Der Deutschen Bibliothek
Die Deutsche Bibliothek verzeichnet diese Publikation in der Deutschen Nationalbibliografie;
detaillierte bibliografische Daten sind im Internet über <http://dnb.ddb.de> abrufbar.

1. Auflage November 2004

Alle Rechte vorbehalten
© VS Verlag für Sozialwissenschaften/GWV Fachverlage GmbH, Wiesbaden 2004
Der VS Verlag für Sozialwissenschaften ist ein Unternehmen von Springer Science+Business Media.
www.vs-verlag.de

Das Werk einschließlich aller seiner Teile ist urheberrechtlich geschützt. Jede Verwertung außerhalb der engen Grenzen des Urheberrechtsgesetzes ist ohne Zustimmung des Verlags unzulässig und strafbar. Das gilt insbesondere für Vervielfältigungen, Übersetzungen, Mikroverfilmungen und die Einspeicherung und Verarbeitung in elektronischen Systemen.

Die Wiedergabe von Gebrauchsnamen, Handelsnamen, Warenbezeichnungen usw. in diesem Werk berechtigt auch ohne besondere Kennzeichnung nicht zu der Annahme, dass solche Namen im Sinne der Warenzeichen- und Markenschutz-Gesetzgebung als frei zu betrachten wären und daher von jedermann benutzt werden dürften.

Umschlaggestaltung: KünkelLopka Medienentwicklung, Heidelberg

Gedruckt auf säurefreiem und chlorfrei gebleichtem Papier

ISBN-13: 978-3-531-14457-3   e-ISBN-13: 978-3-322-80662-8
DOI: 10.1007/978-3-322-80662-8

Inhalt

Vorwort		7
1	**Die naturwissenschaftliche Grundbildung im Überblick –**	
	Konzeption und zentrale Ergebnisse	9
1.1	Welche Rolle spielt naturwissenschaftliche Kompetenz?	10
1.2	Naturwissenschaftliche Kompetenzen im internationalen Vergleich	12
1.3	Die Aufschlüsselung der Leistungen nach Kompetenzstufen	15
1.4	Naturwissenschaftliche Kompetenzen im nationalen Vergleich	17
2	**Bildung als gesellschaftliche Ressource**	21
2.1	Das Bildungsverständnis von PISA	23
2.2	Bildung und „Literacy"	24
2.3	Bildung und Kompetenz	26
2.4	Die Testkonzeption für den Bereich Naturwissenschaften	29
2.5	Fächerübergreifende Kompetenzen	31
2.6	Die Untersuchung von Bildungsergebnissen und ihr Bezug zu den Lehrplänen	32
2.7	Andere Länder, andere Kompetenzen?	33
3	**Wie ist der PISA-Test entstanden?**	37
3.1	Eine Rahmenkonzeption für die PISA-Tests	37
3.2	Die Entwicklung der PISA-Aufgaben	40
3.3	Kompetenzstufen	41
3.4	Kognitive Teilkompetenzen	41
3.5	Ein Aufgabenbeispiel	44
3.6	Unterschiede zwischen dem PISA-Test und Klassenarbeiten	46
4	**Wie wurden die Daten erhoben und ausgewertet?**	49
4.1	Die Population und die Stichprobe	49
4.2	Das Testdesign	51
4.3	Auswertung der Daten	53
4.4	Wie spiegeln sich Zusammenhänge in Korrelationen wider?	55
4.5	Rangplätze oder Messwerte?	56

5　Die Bedeutung der sozialen und familiären Herkunft für den Kompetenzerwerb und die Schullaufbahn　**57**
5.1　Wie die Maße der sozialen Herkunft in der PISA-Studie bestimmt werden　57
5.2　Soziale Herkunft, Migrationsstatus und Kompetenzerwerb im internationalen Vergleich　60
5.3　Soziale Herkunft und Bildungsbeteiligung in Deutschland　65
5.4　Soziale Herkunft und erworbene Kompetenzen in Deutschland　69
5.5　Migrationshintergrund und Kompetenzerwerb in Deutschland　74
5.6　Der Einfluss des Migrationshintergrunds im innerdeutschen Vergleich　76
5.7　Fazit und Zusammenfassung　80

6　Jungen oder Mädchen – Wer sind die besseren Naturwissenschaftler?　**83**
6.1　Geschlechterunterschiede im internationalen Vergleich　84
6.2　Geschlechterunterschiede in Deutschland　87
6.3　Geschlechterunterschiede im innerdeutschen Ländervergleich　90
6.4　PISA paradox? Warum Jungen innerhalb der Schulformen immer besser abschneiden　92
6.5　Fazit　97

7　Ost-West-Unterschiede – Eine Frage der Lernkulturen?　**99**
7.1　Die Aufgaben des nationalen Naturwissenschaftstests　101
7.2　Fazit　115

8　Was muss sich in unseren Schulen ändern?　**117**
8.1　Vorschulische Bildung　118
8.2　Chancengleichheit für alle Schüler　119
8.3　Leistungsdifferenzierung　120
8.4　Ganztagsschulen　122
8.5　Bildungsstandards und Lernziele　123
8.6　Zielorientierter Unterricht　124
8.7　Skripte naturwissenschaftlichen Unterrichtens　125
8.8　Geschlechterspezifisches Lernen und Lehren　126
8.9　Alltagsvorstellungen　127
8.10　Fazit　127

Literaturverzeichnis　**131**

Abbildungsverzeichnis　**135**

Tabellenverzeichnis　**139**

Vorwort

Die PISA-2000-Studie hat gezeigt, dass es um die naturwissenschaftliche Bildung in Deutschland nicht gut bestellt ist. Das gilt zumindest dann, wenn man sich auf das Konzept von *Scientific Literacy* und die Konzeption der PISA-Studie einlässt. Ein erstes Anliegen dieses Bandes ist es daher, die theoretischen und konzeptionellen Grundlagen des PISA-2000-Naturwissenschaftstests vertiefend darzustellen und damit den notwendigen Hintergrund für eine kritische Auseinandersetzung mit den Befunden der Studie zu liefern (Kap. 2 bis 4). Während das einführende erste Kapitel nochmals die spektakulären Ergebnisse, besonders des internationalen Vergleichs zusammenfasst, vertiefen die Kapitel 5 bis 7 die innerdeutschen Ergebnisse unter drei Perspektiven. Erstens unter dem Aspekt der Chancengleichheit von Kindern und Jugendlichen mit unterschiedlichem sozialem Hintergrund; zweitens unter der Perspektive von Geschlechterunterschieden in den Teilbereichen der naturwissenschaftlichen Bildung; und drittens unter der Perspektive unterschiedlicher Lernkulturen in den alten und neuen Bundesländern. Im letzten Kapitel werden mögliche Schlussfolgerungen auf Reformansätze unseres Bildungswesens gezogen. Wie stets im Verhältnis von wissenschaftlichen Ergebnissen und praktischer Umsetzung, gibt es auch hier eine mehr oder weniger große Lücke zwischen dem, was in PISA 2000 als empirisch abgesichert gelten kann, und dem, was man als Maßnahmen zur Behebung der Ursachen mangelhafter Bildung empfiehlt. Wir diskutieren und empfehlen diese möglichen Folgerungen dennoch, schon um deutlich zu machen, dass gezielte Maßnahmen ergriffen und mit erheblichem Einsatz realisiert werden müssen, wenn eine Replikation der katastrophalen Ergebnisse in späteren Studien verhindert werden soll.

Das Autorenteam des Leibniz-Instituts für die Pädagogik der Naturwissenschaften (IPN) wurde bei der Abfassung dieses Bandes wirkungsvoll von Katrin Groß (Kommunikations- und Kulturwissenschaftlerin) unterstützt, die nicht nur das IPN-Team, sondern auch Dr. Götz Bieber, Pädagogisches Landesinstitut Brandenburg (PLIB), Potsdam, und Dr. Mareike Kunter, Max-Planck-Institut für Bildungsforschung, Berlin, zu bestimmten Themen interviewt und die Texte vorbereitet hat. Ihnen sei ebenso herzlich gedankt wie den Mitgliedern der PISA-2000-Expertengruppe Naturwissenschaften: Horst Bayrhuber, Reinhard Demuth, Reinders Duit, Manfred Euler, H. E. Fischer, Peter Häussler, Christa Herwig, Lore Hoffmann, Rainer Klee, Wolfgang Koch, Manfred Lehrke, Jürgen Mayer, Peter Nentwig, Kurt Riquarts und Elke Sumfleth.

1 Die naturwissenschaftliche Grundbildung im Überblick – Konzeption und zentrale Ergebnisse

Das schlechte Abschneiden deutscher Schüler[1] in der internationalen Vergleichsstudie PISA 2000 hat die deutsche Bildungsnation auf die hinteren Ränge verwiesen und zahlreiche Diskussionen über das deutsche Bildungssystem ausgelöst. In allen drei getesteten Kompetenzbereichen – Lesen, Mathematik und Naturwissenschaften – schneiden deutsche Schüler im Ländervergleich mit einem Platz im unteren Drittel schlecht ab. Schlagworte wie „PISA-Schock" und „Bildungsmisere" kursieren seit dem Bekanntwerden der Ergebnisse im Jahr 2001 in Diskussionsrunden, Schulen und Ministerien. In den entstandenen Debatten werden Auswege aus der Bildungskrise gesucht und die Reformbedürftigkeit unseres Schulsystems unter die Lupe genommen. Details der Ergebnisse und daraus resultierende Erklärungen für das schlechte Abschneiden deutscher Schüler bleiben hierbei häufig unberücksichtigt. Dies gilt insbesondere für die Leistungsbereiche, die in der ersten Erhebungsrunde im Jahre 2000 nicht im Blickpunkt standen.

In der ersten Erhebungswelle stellte das Leseverständnis die Kernkompetenz dar, und die diesbezüglichen Ergebnisse wurden entsprechend ausführlich in den Medien berichtet. Mathematische und naturwissenschaftliche Kompetenzen bilden erst im zweiten bzw. dritten Zyklus die Hauptkomponente, und zwar im Jahr 2003 die Mathematik und im Jahr 2006 die Naturwissenschaften. Doch gerade mit Blick auf die naturwissenschaftliche Kompetenz deutscher Schüler sind in der ersten Erhebungswelle zahlreiche interessante Einsichten und Ergebnisse ans Licht gekommen. Anliegen dieses Buches ist es, diese Befunde im Überblick und möglichst allgemein verständlich darzustellen. Ebenso werden mögliche Erklärungen für das schlechte Abschneiden sowie denkbare Konsequenzen diskutiert, soweit dies aufgrund der Rahmenkonzeption von PISA und der in PISA erhobenen Daten möglich ist.

Für das vorliegende Buch ergibt sich damit folgender Aufbau: Im ersten Teil, der die Kapitel 2 bis 4 umfasst, werden die zentralen Überlegungen und Konzeptionen der PISA-Studie vorgestellt, ohne auf die empirischen Ergebnisse einzugehen. Diese recht ausführliche Einleitung in Form von drei Kapiteln erscheint uns deshalb wichtig, weil die empirischen Befunde nur vor dem konzeptuellen Hintergrund der Tests angemessen eingeordnet und interpretiert werden können. Letztlich bestimmen die Rahmenkonzeption und deren Umsetzung in Testaufgaben die inhaltliche Aussagekraft und Reichweite der Ergebnisse.

Kapitel 2 beschreibt das Bildungsverständnis von PISA und versucht unter Berücksichtigung des internationalen Forschungsstands, die Begriffe der naturwissenschaftlichen Grundbildung und Kompetenz zu definieren. In diesem Kapitel stehen also die zentralen theoretischen Grundgedanken und Leitlinien im Mittelpunkt, die die Struktur der in PISA verwendeten Tests und Fragebögen wesentlich geprägt haben. In Kapitel 3 werden dann die – auf dem Bildungsverständnis von PISA basierende – Rahmenkonzeption der PISA-Tests sowie der Naturwissenschaftstest im Detail beschrieben. Wichtig ist hierbei, dass in Deutschland neben dem OECD-weit eingesetzten internationalen Test auch ein nationaler Ergänzungstest entwickelt wurde, der nur hierzulande eingesetzt wurde. Dadurch konnten Testaufgaben berücksichtigt werden, die besser an die deutschen Lehrpläne angepasst sind als die internationalen Aufgaben. Im sich anschließenden Kapitel 4 werden die Erhebung und Auswertung der Daten beschrieben.

Die Kapitel 5 bis 7, die den zweiten Teil dieses Buches bilden, bleiben der Darstellung der empirischen Befunde vorbehalten. In diesem Teil werden die Ergebnisse aus unterschiedlichen Perspektiven betrachtet. Um die Ergebnisse in den Naturwissenschaften angemessen einordnen zu können, werden an geeigneter Stelle auch Befunde aus den beiden anderen untersuchten Kompetenzbereichen (Leseverständnis, mathematische Grundbildung) dargestellt. Oftmals ergeben sich für die anderen Kompetenzbereiche parallele, manchmal jedoch auch differenzierende Zusammenhänge, die besondere Beachtung verdienen.

Das abschließende Kapitel 8 versucht die Frage zu beantworten, welche Schlussfolgerungen aus der ersten PISA-Studie gezogen werden können und welche Maßnahmen zur Behebung der festgestellten Defizite geeignet erscheinen. Dabei wird auf die Differenzierung Wert gelegt, welche Konsequenzen in einem engen Zusammenhang mit den Ergebnissen und den Konzepten der Studie stehen und welche deutlich darüber hinausgehen.

Zahlreiche Konsequenzen für das Bildungssystem, die seit der Veröffentlichung der PISA-Daten diskutiert werden, zum Beispiel ob die Einführung von Ganztagsschulen eine geeignete Maßnahme zur Anhebung des allgemeinen Leistungsniveaus darstellt, können zwar als eine mutmaßlich sinnvolle Konsequenz aus den PISA-Daten gezogen werden. Untersucht wurde der Unterschied von Ganztags- und Normalschulen in PISA 2000 jedoch *nicht*.

In diesem ersten, einführenden Kapitel werden die wichtigsten Überlegungen zur Beschreibung und Erfassung der naturwissenschaftlichen Grundbildung berichtet sowie die zentralen empirischen Befunde resümiert.

1.1 Welche Rolle spielt naturwissenschaftliche Kompetenz?

Die internationale Schulleistungsstudie PISA *(Programme for International Student Assessment)* ist ein Projekt der Organisation für wirtschaftliche Zusammenarbeit und Entwicklung (OECD). Ziel des Programms ist es, in den an der Studie beteiligten Ländern die Fähigkeiten und Fertigkeiten von 15-jährigen Schülern zu messen und damit den Regierungen der teilnehmenden Staaten Hinweise zu geben, die für politisch-administrative Entscheidungen zur Verbesserung der nationalen Bildungssysteme brauchbar sind. Dabei ist es nicht das Anliegen von PISA herauszufinden, wie gut oder schlecht die Schüler der einzelnen Staaten die schulischen Anforderungen meistern und welche Plätze sie in einer Art „Bildungsolympiade" einnehmen. Es interessiert vielmehr, Informationen über Schwächen und Hinweise auf Entwicklungschancen zu erhalten und die Leitfrage von PISA zu beantworten, inwieweit die Jugendlichen auf die Herausforderungen der heutigen Wissensgesellschaft vorbereitet werden (OECD, 1999, S. 9). Im Mittelpunkt der Studie steht also nicht reines Faktenwissen, sondern es werden Basiskompetenzen analysiert, die heutzutage für eine Teilhabe am gesellschaftlichen, wirtschaftlichen und politischen Leben unentbehrlich sind.

Naturwissenschaftliche Kompetenzen spielen in diesem Zusammenhang eine wichtige Rolle: Auf der einen Seite geht ein erheblicher Teil des gesellschaftlichen Wissens auf die Naturwissenschaften zurück. Diese sind ein unverzichtbarer Aspekt der Allgemeinbildung und sollten flexibel und in unterschiedlichen Situationen genutzt und angewendet werden können. Andererseits prägen die Naturwissenschaften die Wissensgesellschaft durch ihre Art, mit Wissen umzugehen: Naturwissenschaftliches Forschen und Argumentieren zeichnet sich durch Systematik und rationale Verfahren aus, mit denen Wissen gewonnen, geprüft, mitgeteilt und diskutiert wird. Naturwissenschaftliche Erkenntnisse, Verfahren und Methoden überqueren immer wieder die Grenzen der eigenen Disziplin und berühren viele Lebensbereiche heutiger Gesellschaften.

Nicht zuletzt sind die Naturwissenschaften und die mit ihr verbundenen technischen Disziplinen ein entscheidender Wirtschaftsfaktor. Das Wissen um technische und naturwissenschaftliche Abläufe ist Grundvoraussetzung für Entscheidungen über die Gestaltung unserer Lebensbedingungen. Ob und welchen Sinn es beispielsweise macht, riesige Windparks in der Nordsee zu errichten oder ein fortschrittliches Biotechnologielabor ins Leben zu rufen, kann zunächst mit naturwissenschaftlichem Wissen beschrieben werden. Zugleich haben aber technische Umsetzungen von Naturwissenschaften Konsequenzen auf politischer und wirtschaftlicher Ebene, und die Sinnfrage muss über die Naturwissenschaften hinausgehend beantwortet werden.

Wenn die Naturwissenschaften eine Schlüsselrolle für den technologischen wie gesellschaftlichen Wandel, für die Sicherung der Lebensgrundlage auf nationaler und globaler Ebene und für die Allgemeinbildung einnehmen, sind die Sicherung und Förderung von naturwissenschaftlichem Wissen von großer Bedeutung, und es wird klar, warum die internationale Vergleichsstudie naturwissenschaftliche Kompetenzen explizit berücksichtigt.

Bei der Frage, was unter naturwissenschaftlicher Kompetenz zu verstehen ist, orientiert sich PISA an international entwickelten Konzeptionen der *Scientific Literacy* – ein Begriff, der mit „naturwissenschaftlicher Grundbildung" nur unzureichend oder gar missverständlich übersetzt wird. Auf diese Konzeptionen, die für die Erstellung des Naturwissenschaftstests und zum Verständnis der PISA-Ergebnisse von wesentlicher Be-

deutung sind, wird im nachfolgenden Kapitel 2 ausführlicher eingegangen. Demnach sollen Schüler am Ende der Pflichtschulzeit (also mit 15 Jahren) ein ausreichendes Verständnis
- von den wichtigsten naturwissenschaftlichen Konzepten und Erklärungsmustern,
- von Methoden, mit denen die Naturwissenschaften ihre Erkenntnisse erzeugen und stützen, und
- von den Möglichkeiten und Grenzen der Naturwissenschaften in der modernen Welt entwickelt haben.

Das der PISA-Studie zu Grunde liegende Verständnis naturwissenschaftlicher Grundbildung bringt die folgende Definition auf den Punkt: „Naturwissenschaftliche Grundbildung *(Scientific Literacy)* ist die Fähigkeit, naturwissenschaftliches Wissen anzuwenden, naturwissenschaftliche Fragen zu erkennen und aus Belegen Schlussfolgerungen zu ziehen, um Entscheidungen zu verstehen und zu treffen, welche die natürliche Welt und die durch menschliches Handeln an ihr vorgenommenen Veränderungen betreffen." (OECD, 1999, S. 66)

1.2 Naturwissenschaftliche Kompetenzen im internationalen Vergleich

Es wurde bereits erwähnt, dass die Analyse der naturwissenschaftlichen Kompetenzen nur einen geringen Teil des ersten Erhebungszyklus einnimmt. So stand für die Naturwissenschaften nur eine Testzeit von etwa 60 Minuten zur Verfügung, in der es galt, die naturwissenschaftlichen Disziplinen Biologie, Chemie, Physik und Geowissenschaften einzubeziehen[2]. In 13 thematischen Aufgabenblöcken mit insgesamt 35 Fragen hatten die Schüler ihr Wissen auf wirklichkeitsnahe naturwissenschaftliche Fragestellungen anzuwenden. Zahlreiche Aufgaben erforderten darüber hinaus Kenntnisse über typische naturwissenschaftliche Denk- und Arbeitsweisen, zum Beispiel die Fähigkeit, aus vorgegebenen experimentellen Befunden die richtigen Schlussfolgerungen ziehen zu können.

Im Vergleich mit den anderen OECD-Staaten erreichen die deutschen Schüler im Naturwissenschaftstest nur ein unterdurchschnittliches Ergebnis. Ebenso wie in den übrigen getesteten Disziplinen der PISA-Studie werden die naturwissenschaftlichen Leistungen aller Staaten auf einer gemeinsamen Skala gemessen, die den OECD-Durchschnitt bei einem Wert von 500 festlegt. Wie Tabelle 1.1 zeigt, liegen die deutschen 15-Jährigen mit einem Wert von 487 Punkten in den Naturwissenschaften deutlich unter dem internationalen Durchschnitt (die statistisch signifikant unter dem OECD-Durchschnitt liegenden Staaten sind dunkelgrau eingefärbt). Die internationale Spitzengruppe – in der Tabelle die hellgrau unterlegten Staaten – hat gegenüber Deutschland einen Vorsprung, der je nach Vergleichsland zwischen etwa 25 (Tschechische Republik: 511 Punkte) und 60 Punkten (Japan: 550 Punkte) beträgt. Wie Tabelle 1.1 verdeutlicht, beschränkt sich das unterdurchschnittliche Abschneiden nicht nur auf einen oder zwei der untersuchten Bereiche, sondern auf alle in PISA untersuchten Kompetenzen – also die Naturwissenschaften, Mathematik *und* das Leseverständnis. Im Leseverständnis beträgt der

Naturwissenschaften		Lesen		Mathematik	
Länder	M	Länder	M	Länder	M
Japan	550	Finnland	546	Japan	557
Finnland	538	Kanada	534	Neuseeland	537
Vereinigtes Königreich	532	Neuseeland	529	Finnland	536
Kanada	529	Australien	528	Australien	533
Neuseeland	528	Irland	527	Kanada	533
Australien	528	Vereinigtes Königreich	523	Schweiz	529
Österreich	519	Japan	522	Vereinigtes Königreich	529
Irland	513	Schweden	516	Belgien	520
Schweden	512	Österreich	507	Frankreich	517
Tschechische Republik	511	Belgien	507	Österreich	515
Frankreich	500	Island	507	Dänemark	514
Norwegen	500	Norwegen	505	Island	514
OECD-Durchschnitt	**500**	Frankreich	505	Schweden	510
Vereinigte Staaten	499	Vereinigte Staaten	504	Irland	503
Ungarn	496	**OECD-Durchschnitt**	**500**	**OECD-Durchschnitt**	**500**
Island	496	Dänemark	497	Norwegen	499
Belgien	496	Schweiz	494	Tschechische Republik	498
Schweiz	496	Spanien	493	Vereinigte Staaten	493
Spanien	491	Tschechische Republik	492	**Deutschland**	**490**
Deutschland	**487**	Italien	487	Ungarn	488
Polen	483	**Deutschland**	**484**	Spanien	476
Dänemark	481	Ungarn	480	Polen	470
Italien	478	Polen	479	Lettland	463
Griechenland	461	Griechenland	474	Italien	457
Lettland	460	Portugal	470	Portugal	454
Portugal	459	Lettland	458	Griechenland	447
Luxemburg	443	Luxemburg	441	Luxemburg	446
Mexiko	422	Mexiko	422	Mexiko	387

▨ > OECD-Mittelwert   ▨ = OECD-Mittelwert   ▨ < OECD-Mittelwert

Tabelle 1.1 Mittelwerte der OECD-Teilnehmerstaaten in PISA 2000 für die Kompetenzbereiche Naturwissenschaften, Lesen und Mathematik

Mittelwert der deutschen Schüler 484 Punkte bei einem Spitzenwert von 546 Punkten (Finnland), in Mathematik 490 Punkte, wobei das beste Testland 557 Punkte (Japan) erzielt. In allen Kompetenzbereichen zeigen sich für Deutschland in einem etwa vergleichbaren Ausmaß Abstände zur internationalen Spitzengruppe.

Besonders anschaulich wird das kompetenzübergreifend schlechte Abschneiden der deutschen Schüler durch die vorgenommene Dreiteilung der Ergebnisse, die in Tabelle 1.1 durch die unterschiedlichen Graustufen gekennzeichnet ist. Über alle untersuchten Kompetenzbereiche wurde jeder Ländermittelwert dahingehend überprüft, ob er dem OECD-Durchschnitt entspricht oder in statistisch bedeutsamer Weise von diesem nach oben oder unten abweicht. Hierbei zeigt sich, dass Deutschland in allen drei Bereichen den OECD-Durchschnittswert nicht erreicht. Für die Naturwissenschaften bedeutet dies im Einzelnen, dass Japan und Finnland die Spitzengruppe anführen. Zu dieser Gruppe gehören neben Australien, Kanada und Neuseeland auch europäische Staaten wie das Vereinigte Königreich, Österreich und Irland. Diese Ergebnisse belegen für zahlreiche (auch europäische) Länder, dass 15-jährige Jugendliche ein im Vergleich zu Deutschland sehr viel höheres Niveau naturwissenschaftlicher Grundbildung erreichen können. Im OECD-Durchschnittsbereich und damit in der zweiten Gruppe befinden sich Staaten wie Frankreich, Norwegen und die Vereinigten Staaten. Die untere Gruppe, zu der neben Deutschland auch Spanien, Portugal und Luxemburg gehören, liegt mit ihren Leistungen deutlich unterhalb des OECD-Durchschnitts.

Betrachtet man die Werte der einzelnen Länder, so fällt sofort ins Auge, dass die Leistungen insgesamt eine sehr große Streubreite aufweisen: Japan liegt mit einem Wert von 550 Punkten deutlich an der Spitze der Leistungen, während am unteren Ende der Skala Mexiko nur einen Wert von 422 Punkten erreicht. Der Unterschied zwischen dem besten und dem schlechtesten Staat liegt damit bei 128 Punkten – ein Unterschied, der bei der gewählten Skala (mit einem Mittelwert von 500 und einer Standardabweichung von 100) als sehr hoch eingestuft werden muss.

Das bedeutet beispielsweise, dass 90 Prozent der japanischen und finnischen Schüler einen höheren Leistungswert erzielen als der durchschnittliche mexikanische Schüler, und nur etwa 5 Prozent der mexikanischen Schüler erreichen einen Wert, der dem durchschnittlichen Leistungswert eines Schülers aus Japan oder Finnland entspricht.

Kennzeichnend für die deutschen Ergebnisse ist die – in Tabelle 1.1 nicht angegebene – vergleichsweise große Variabilität der Naturwissenschaftsleistungen im internationalen Vergleich. Das bedeutet beispielsweise, dass der Leistungsabstand zwischen den leistungsschwächsten und leistungsstärksten Schülern in Deutschland beträchtlich und erheblich höher ist als in den meisten anderen Teilnehmerstaaten. Dieser Sachverhalt wird durch die Abbildung 1.1 anschaulich gemacht. In dieser sind ausgewählte Länder hinsichtlich ihrer Leistungsverteilung dargestellt, die im Vergleich mit Deutschland von besonderem Interesse sind. Man erkennt, dass der Leistungsabstand zwischen den Schülern in Deutschland (wobei die 5 % besten und schlechtesten Schülerleistungen nicht berücksichtigt wurden) mit 334 Punkten zum Beispiel erheblich größer ist als in Ländern, die zur Spitzengruppe gehören, wie beispielsweise Japan (297 Punkte). Aber auch in der Leistung vergleichbare Länder, wie die Vereinigten Staaten, für die aufgrund ihres Status als klassisches Einwanderungsland besonders heterogene Leistungen vermutet worden waren, zeigen eine geringere Streubreite (328 Punkte) in den Naturwissenschaftsleistungen als Deutschland.

Der bemerkenswerteste Befund dieses internationalen Vergleichs ist jedoch, dass es in der oberen Leistungsgruppe eine Reihe von Ländern gibt, die Leistungen auf einem hohen Niveau mit einer relativ geringen Streubreite erzielen, also das genau entgegengesetzte Leistungsmuster der deutschen 15-Jährigen aufweisen. In der Abbildung sticht vor allem Japan hervor: Japan erreicht die beste Leistung aller getesteten Länder bei einer sehr niedrigen Streubreite. Der untere Leistungsbereich (ausgenommen sind wiederum die 5 % schlechtesten Schülerleistungen) beginnt bei 391 Punkten, also weit oberhalb des vergleichbaren Wertes für Deutschland (314 Punkte) oder anderer Länder. Die Spitzengruppe wiederum liegt mit einem Kennwert von 688 an erster Stelle und übertrifft somit alle anderen Teilnehmerstaaten. Japan ist damit ein Beispiel für eine gelungene För-

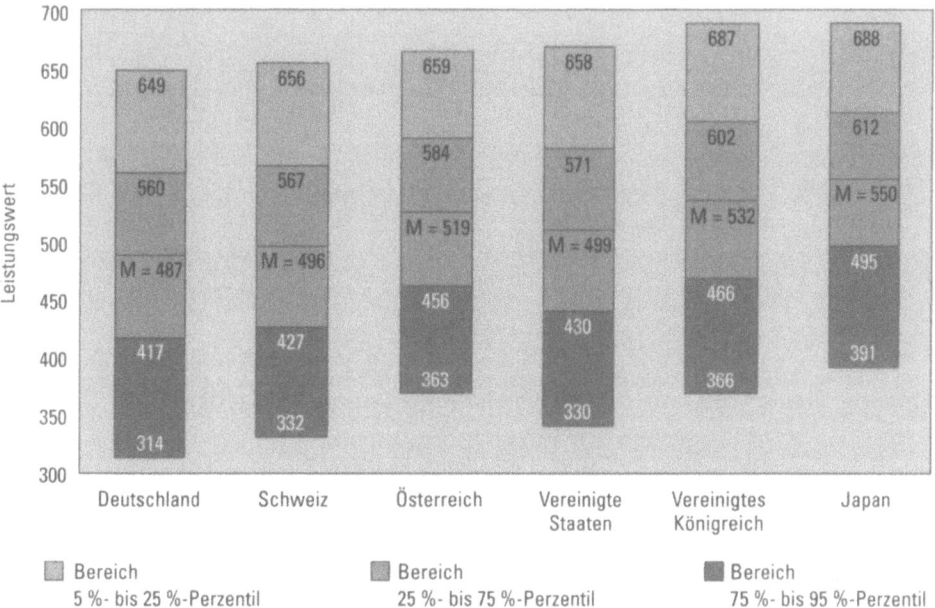

Abbildung 1.1 Die Streuung der Naturwissenschaftsleistungen in ausgewählten Ländern

derung naturwissenschaftlicher Grundbildung auf einem relativ homogenen hohen Niveau.

Aber auch für andere europäische Länder ergeben sich deutlich günstigere Leistungsverteilungen als für Deutschland. So liegt das Vereinigte Königreich im Mittel um etwa 20 Punkte hinter Japan, doch endet hier der obere Leistungsbereich auf einem mit Japan vergleichbaren Niveau (687 Punkte). Die Leistungsstreuung ist jedoch insgesamt deutlich höher. Offenbar gibt es im Vereinigten Königreich eine relativ umfangreiche Spitzengruppe mit ausgezeichneter naturwissenschaftlicher Kompetenz, die es in Deutschland nicht gibt.

Ein Blick auf die Leistungsverteilung in Österreich betont die Defizite Deutschlands im unteren Leistungsbereich. Während sich die beiden Länder im oberen Leistungsbereich nicht sehr stark unterscheiden (649 Punkte für Deutschland, 659 Punkte für Österreich), beginnt der untere Leistungsbereich in Österreich (363 Punkte) auf einem im Vergleich zu Deutschland (314 Punkte) deutlich höheren Niveau. In etwas abgeschwächter Form gilt dies genauso für die Schweiz und die Vereinigten Staaten.

1.3 Die Aufschlüsselung der Leistungen nach Kompetenzstufen

Anhand der theoretischen Rahmenkonzeption, nach der bestimmte Kompetenzen der naturwissenschaftlichen Grundbildung unterschieden werden können (z.B. Kenntnisse über Konzepte, Erklärungsmuster oder Arbeitsweisen der Naturwissenschaften), ist es möglich, die Schülerleistungen unterschiedlichen Kompetenzstufen zuzuordnen. Mithilfe von fünf Kompetenzstufen wird versucht, qualitative Unterschiede im naturwissenschaftlichen Wissen zwischen den Schülern abzubilden. Schüler auf der untersten Kompetenzstufe (Stufe I) sind nur in der Lage, einfaches Faktenwissen wiederzugeben oder unter Verwendung von Alltagswissen Schlussfolgerungen zu ziehen, während Jugendliche auf der höchsten Kompetenzstufe (Stufe V) naturwissenschaftliche Untersuchungen oder Begründungen mit einem differenzierten Fachverständnis analysieren und präzise kommunizieren können. Die Kompetenzstufen selbst und ihre inhaltliche Charakterisierung werden in Kapitel 3 ausführlich dargestellt.

Schlüsselt man die Leistungen der einzelnen Teilnehmerstaaten nach den genannten Kompetenzstufen auf, wie es in Tabelle 1.2 wiedergegeben ist, treten die Probleme Deutschlands im internationalen Vergleich noch deutlicher hervor. Auf den unteren Kompetenzstufen sind die Anteile der deutschen Schüler größer, auf den höheren Kompetenzstufen kleiner. So befinden sich in Deutschland 26,3 Prozent der Schüler auf dem unteren Niveau einer nominellen naturwissenschaftlichen Grundbildung, und nur 3,4 Prozent erreichen das Niveau einer konzeptuellen und prozeduralen Grundbildung auf der Basis eines Denkens mit Modellen. Der Anteil von Schülern auf Kompetenzstufe I ist damit nahezu doppelt so groß wie der in den Vergleichsländern Österreich (14,7%) und Vereinigtes Königreich (13,5%). Umgekehrt ist der Anteil der deutschen Schüler auf der höchsten Kompetenzstufe V nicht einmal halb so groß wie derjenige im Vereinigten Königreich (9,0%).

Stufen der naturwissenschaftlichen Kompetenz	Deutschland	Schweiz	Österreich	Vereinigtes Königreich	Anteil im OECD-Durchschnitt (ohne Deutschland)
Stufe V (> 661) Konzeptuell und prozedural (Modelle)	3,4	4,6	4,5	9,0	4,1
Stufe IV (554–661) Konzeptuell und prozedural	23,9	24,5	33,0	33,7	25,7
Stufe III (498–553) Funktional (naturwissenschaftliches Wissen)	20,1	20,1	22,5	22,0	20,1
Stufe II (421–497) Funktional (naturwissenschaftliches Alltagswissen)	26,3	27,4	25,3	21,8	25,8
Stufe I (< 421) Nominell	26,3	23,4	14,7	13,5	24,3

Tabelle 1.2 Verteilung der Schüler auf die Kompetenzstufen naturwissenschaftlicher Grundbildung in ausgewählten Teilnehmerstaaten (in %)

Die Verteilung der deutschen Schülerschaft auf die Kompetenzstufen ist im Vergleich zu Ländern mit ähnlichen Voraussetzungen (Schweiz, Österreich und Vereinigtes Königreich) nicht nur erheblich ungünstiger, sie entspricht auch nicht einmal dem OECD-Durchschnitt. Sowohl auf Kompetenzstufe V wie auch auf Kompetenzstufe I sind die deutschen Schüler unter- (Stufe V) bzw. überrepräsentiert (Stufe I).

1.4 Naturwissenschaftliche Kompetenzen im nationalen Vergleich

Grundsätzlich ist PISA so konzipiert, dass es um nationale Ergänzungen erweitert werden kann, die auf spezielle Gegebenheiten der einzelnen Staaten eingehen. Im Rahmen des Naturwissenschaftstests im Jahr 2000 sprachen mehrere Gründe für eine nationale deutsche Erweiterung: Erstens kann der relativ kurze internationale Test um Aufgaben erweitert werden, die auf die in Deutschland unterrichteten naturwissenschaftlichen Fächer Physik, Chemie und Biologie besser zugeschnitten sind (zu beachten ist hierbei, dass in vielen Staaten ein integriertes Naturwissenschaftsfach ohne die Trennung in unterschiedliche Disziplinen unterrichtet wird). Zweitens wurde auf diese Weise gewährleistet, dass die Aufgaben besser an die deutschen Lehrpläne angepasst werden konnten. Drittens sprechen wissenschaftliche Überlegungen dafür, den Zusatztest zu nutzen, um die Leistungen der Schüler nach unterschiedlichen kognitiven Teilkompetenzen zu differenzieren, die typisch sind für naturwissenschaftliches Denken, Verstehen und Schlussfolgern. Im nationalen Ergänzungstest wurden folgende solcher kognitiven Prozesse unterschieden.

(1) Faktenwissen: das Heranziehen von konzeptuellem Faktenwissen bei der Aufgabenlösung;
(2) Graphikverständnis: das Entnehmen relevanter Informationen aus einer Graphik oder einem Diagramm;
(3) Mentale Modelle: die Nutzung eines mentalen Modells über einen naturwissenschaftlichen Sachverhalt;
(4) Schlüsse ziehen: aus gegebener verbaler Information die richtigen Schlüsse ziehen;
(5) Sachverhalte verbalisieren: einen Sachverhalt angemessen verbal beschreiben.

Damit ergeben sich auf nationaler Ebene zwei – einander ergänzende – Optionen, die Testleistungen der deutschen Schüler für die Naturwissenschaften zu analysieren. Um die Bundesländer mit allen Staaten vergleichen zu können, wurden die Leistungen im internationalen Test verwendet. Durch den nationalen Naturwissenschaftstest eröffnete sich die zusätzliche Möglichkeit eines Vergleichs zwischen den einzelnen Bundesländern anhand eines sehr schulnahen Tests.

Bei der Einordnung der einzelnen deutschen Länder in die Gesamtskala der internationalen Naturwissenschaftsleistungen reichen die erzielten Werte von 461 (Stadtstaat

Bremen) bis 508 Punkte (Bayern) und weisen eine beträchtliche Bandbreite auf, wie in Abbildung 1.2 dargestellt ist. Bremen liegt weit unter dem OECD-Durchschnitt und erreicht mit seinen Leistungen ähnlich schlechte Werte wie andere Staaten im unteren Drittel der Skala. Die bayerischen Schüler hingegen liegen mit einem Wert von 508 Punkten ebenso wie Baden-Württemberg mit 505 Punkten deutlich über dem deutschen Durchschnitt (487 Punkte). Es muss allerdings angemerkt werden, dass auch die Leistungen der bayerischen und baden-württembergischen Schüler nicht signifikant vom OECD-Mittelwert (500 Punkte) abweichen, das heißt, diese Länder sind der mittleren Ländergruppe aus Tabelle 1.1 (von Frankreich bis Schweiz) zuzuordnen. Damit sind auch einzelne Bundesländer in ihrem Leistungsspektrum nicht mit Staaten der Spitzengruppe (z.B. Japan, Finnland) vergleichbar, sondern von dieser ein erhebliches Stück entfernt.

Die Leistungsverteilung der Bundesländer hat zudem ein sehr unterschiedliches Aussehen, wenn spezifische Aspekte berücksichtigt werden: So vertauschen sich viele Rangplätze, wenn nur die naturwissenschaftlichen Leistungen der Gymnasien betrachtet werden. Schleswig-Holsteins Gymnasiasten erreichen mit 595 Punkten den höchsten Leistungswert aller Bundesländer, während das nördlichste Bundesland bei Berücksichtigung aller Schulformen mit 486 Punkten gerade den deutschen Durchschnittswert erreicht. Auch Niedersachsen kann beim Gymnasialvergleich seine Rangposition verbessern, Hessen hingegen fällt einige Plätze zurück. Der Stadtstaat Bremen, der im intranationalen Vergleich bei Berücksichtigung aller Schüler das Schlusslicht bildet, verbessert seine Position erheblich und erreicht einen dem deutschen Durchschnitt vergleichbaren Leistungswert, wenn man den hohen Anteil von Jugendlichen mit Migrationshintergrund außer Acht lässt und nur Schüler mit deutschen Eltern in die Analyse einbezieht. Diese Befunde, die in den Kapiteln 5 bis 7 sehr viel detaillierter ausgeführt werden, verdeutlichen, dass der innerdeutsche Vergleich zwischen den Ländern erheblich differenzierter durchgeführt werden muss, als es die abgebildete Säule in Abbildung 1.2 mit den abgetragenen Leistungswerten für die einzelnen Bundesländer suggerieren mag.

Insgesamt zeigen die in diesem Kapitel dargestellten Ergebnisse, welches Niveau naturwissenschaftlicher Grundbildung bei 15-Jährigen heute erzielt werden kann und in den Ländern auch erzielt wird. Im Großen und Ganzen erreichen deutsche Schüler nicht einmal den internationalen Durchschnitt. Anderen Staaten gelingt es offensichtlich sehr viel besser, naturwissenschaftliche Grundbildung auf einem relativ homogenen hohen Niveau zu erzielen, leistungsschwache und leistungsstarke Schüler gezielt zu fördern und so auch eine hohe Anzahl von Schülern auf Spitzenniveau auszubilden. Die in Deutschland gegebene Selektivität des dreigliedrigen Schulsystems scheint im Kontrast dazu nicht mit Fördermaßnahmen verbunden zu sein, die an das jeweilige Leistungsniveau anknüpfen. Ein wichtiger Ansatzpunkt für die Verbesserung des durchschnittlichen Niveaus naturwissenschaftlicher Grundbildung in Deutschland liegt in der Förderung der Schüler im unteren Leistungsbereich, denn nur so kann auf Dauer eine naturwissenschaftliche Kompetenz auf höherem Bildungsstand erzielt werden. Dies kann jedoch nicht allein zu einem zufriedenstellenden Ergebnis führen: Die gezielte Förde-

Die naturwissenschaftliche Grundbildung im Überblick

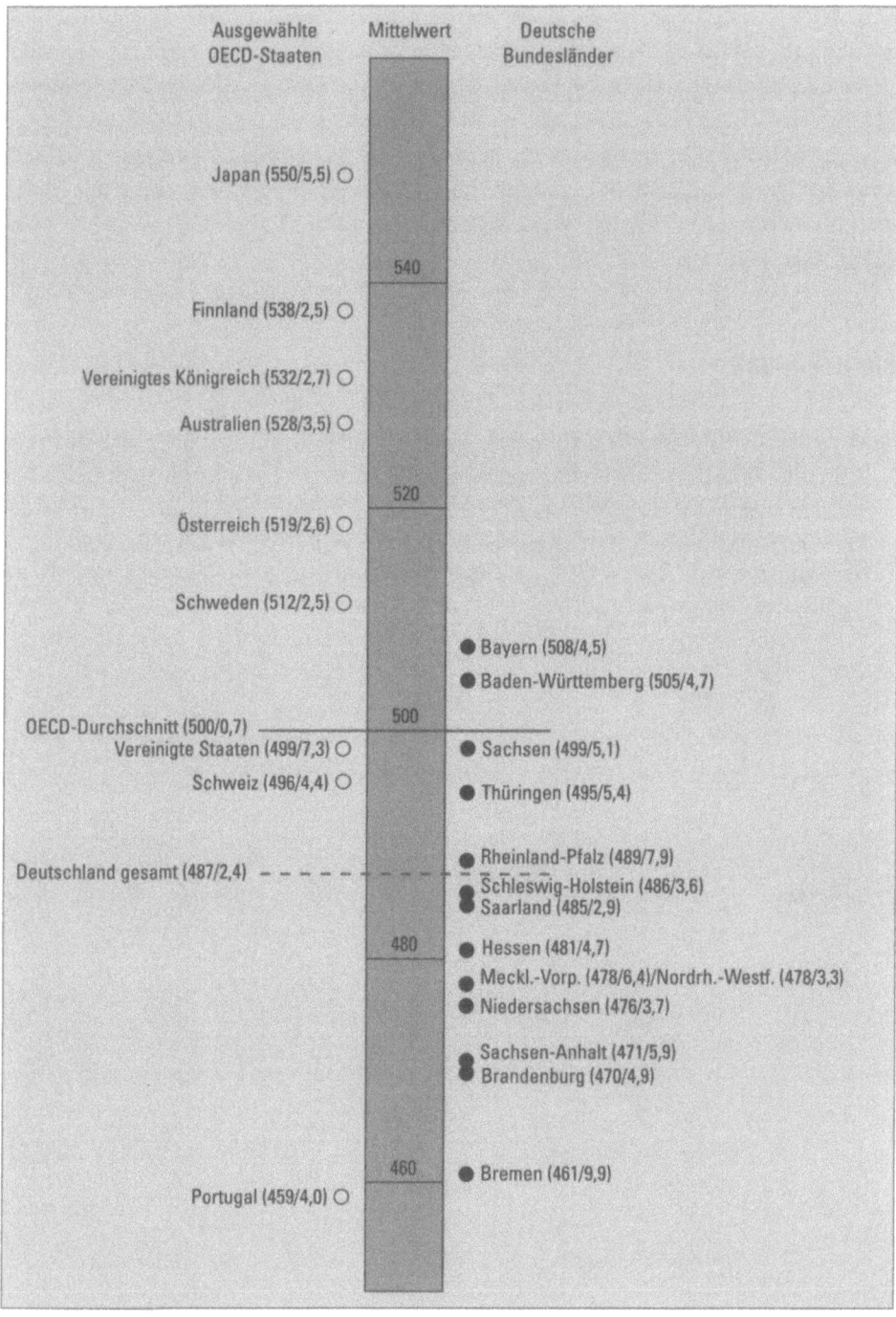

[1] Aus Berlin und Hamburg wurden nur die Gymnasien ausgewertet, da die anderen Schularten die Teilnahmekriterien nicht erfüllten.

Abbildung 1.2 Leistungen in den Naturwissenschaften für 14 Länder[I] der Bundesrepublik im Vergleich mit ausgewählten OECD-Teilnehmerstaaten

rung der Spitzengruppe sollte ebenso konsequent betrieben werden, um in den Wissenschaften und bei der Technikentwicklung international anschlussfähig zu bleiben.

Die empirische Analyse von Faktoren, die Aufschluss über das unterdurchschnittliche Abschneiden deutscher Schüler gibt, ist eine notwendige Voraussetzung für die Gestaltung von Maßnahmen zur Steigerung der naturwissenschaftlichen Kompetenzen deutscher Schüler. Angesichts der ernüchternden Befunde und der Bedeutung der Naturwissenschaften für die heutige Wissensgesellschaft ist die Ergreifung geeigneter Maßnahmen unabdingbar.

Anmerkungen

[1] In dieser Veröffentlichung wird eine geschlechtlich undifferenzierte Schreibweise (z.B. „die Schüler") verwendet, wenn aus dem Kontext hervorgeht, dass beide Geschlechter gemeint sind. Die Geschlechter (z.B. „Mädchen und Jungen") werden gesondert erwähnt, wenn Geschlechterunterschiede untermauert werden sollen.

[2] Im Vergleich dazu lag die Gesamttestzeit bei etwas über sechs Stunden, verteilt auf jeweils drei Stunden an zwei Tagen.

2 Bildung als gesellschaftliche Ressource

Über die Beweggründe der OECD-Staaten, die Schulleistungsstudie PISA ins Leben zu rufen, schreibt die Organisation für Wirtschaftliche Zusammenarbeit und Entwicklung (OECD, 1999) Folgendes: „Die von der OECD getragene internationale Schulleistungsstudie PISA ist Ausdruck einer neuen Selbstverpflichtung der Mitgliedsstaaten, sich durch Messung von Schülerleistungen auf der Grundlage einer gemeinsamen internationalen Rahmenkonzeption ein Bild von der Leistungsfähigkeit ihrer Bildungssysteme zu verschaffen." (OECD, 1999, S. 5)

Eine Antwort auf die Frage, warum die OECD als Organisation für wirtschaftliche Zusammenarbeit und Entwicklung eine Schulleistungsstudie durchführt, findet man bei genauerer Betrachtung ihrer Aufgaben und Ziele: Seit ihrer Gründung im Jahr 1962 sieht die OECD ihre zentrale Aufgabe darin, eine nachhaltige Wirtschaftsentwicklung sowie einen steigenden Lebensstandard in den Mitgliedsstaaten zu erzielen. Neben wirtschaftlichen Fragestellungen befasst sich die Organisation auch mit Fragestellungen, die die gesellschaftliche und nachhaltige Weiterentwicklung von Nationen in den Blick nehmen. So geht die OECD beispielsweise der Frage nach, wie sich Demokratien weiterentwickeln oder soziale Ausgrenzungen verhindern lassen. Einerseits versteht sich die OECD als Anbieter von vergleichbaren Daten, Analysen und Prognosen, um eine multilaterale Zusammenarbeit zu unterstützen, andererseits als Forum, in dem Regierungen zusammenarbeiten, um die wirtschaftlichen, sozialen und ökologischen Herausforderungen der Globalisierung zu bewältigen.

Für die Wirtschaft hat die OECD über viele Jahre hinweg Indikatorensysteme ausgearbeitet, die wichtige Kennzahlen der ökonomischen Entwicklung zurückmelden. So werden beispielsweise Daten über Wachstumsquoten oder Infrastrukturzahlen erhoben, analysiert und veröffentlicht. Seit geraumer Zeit hat die OECD begonnen, zusätzlich zu den wirtschaftlichen Daten Kennzahlen über den Bildungsbereich der Mitgliedsstaaten zu erfassen. Bildung wird damit als ein entscheidender Faktor für eine erfolgreiche und nachhaltige Wirtschafts- und Gesellschaftsentwicklung betrachtet. Nach Auffassung der OECD hängen die Chancen der Mitgliedsstaaten, Anschluss an technologische Entwicklungen zu halten und ökologische, ökonomische sowie gesellschaftliche Herausforderungen und Probleme vernünftig zu lösen, von den im Bildungsbereich erzielten Qualifikationen der Bürger ab. Staaten, die ein vergleichsweise niedriges Bildungsniveau erreichen, dürfte es demgegenüber auf längere Sicht schwer fallen, konkurrenzfähig mit technologischen und wirtschaftlichen Weiterentwicklungen zu bleiben und Schritt zu halten.

Vor diesem Hintergrund betrachtet die OECD Bildung als wichtige Humanressource. Bildung wird als wesentlicher Aspekt des wirtschaftlichen und gesellschaftlichen Entwicklungs- und Veränderungspotenzials eines Landes verstanden. Bildung als Humanressource umfasst aus Sicht der OECD „Wissen, Fähigkeiten, Kompetenzen und sonstige Eigenschaften von Individuen, die für das persönliche, soziale und wirtschaftliche Wohlergehen relevant sind" (OECD, 1999, S. 13).

Das Verständnis von Bildung als Humanressource betont deren gesellschaftliche Funktion und Nutzen. Die OECD unterstreicht jedoch ausdrücklich, dass sie die Funktion von Bildung nicht aus der engen ökonomischen Perspektive – etwa nur in Hinblick auf eine Steigerung des Bruttosozialprodukts – betrachtet. Vielmehr begreift die OECD Wissen und Verstand als entscheidende Voraussetzungen moderner Industrienationen, um ebenso im ökologischen, sozialen und gesellschaftlichen Bereich erfolgreich Probleme zu lösen und nachhaltig bestehen zu können. Aus dieser Sicht hat Bildung aber auch entscheidende Bedeutung für das Individuum und seine persönlichen Lebenschancen. Von der Qualität der persönlichen Bildung hängen die individuellen Möglichkeiten einer Beteiligung und Mitwirkung am beruflichen und kulturellen Leben wie an politischen Entscheidungsprozessen ab. Nach Auffassung der OECD muss es das Interesse der Mitgliedsstaaten sein, allen Bürgern möglichst gleiche und gerechte Bildungschancen zu geben.

Die OECD beobachtet bereits seit vielen Jahren systematisch den Bildungsbereich. Sie publiziert die Ergebnisse jährlich in dem Band *Bildung auf einen Blick (Education at a Glance)*. Dieser Band erfreut sich großer Nachfrage als zentrales Informations- und Nachschlagewerk über Bildungssysteme im internationalen Vergleich. Zu den wichtigen und regelmäßig berichteten Indikatoren zählen strukturelle Kennzahlen wie zum Beispiel Daten über Investitionen im Bildungsbereich oder Schülerzahlen in den Mitgliedsstaaten. Die OECD hat dann aber auch die Gelegenheit genutzt, aktuell veröffentlichte internationale Vergleichsstudien heranzuziehen, um über Bildungsergebnisse im internationalen Vergleich zu berichten. So wurden zum Beispiel die Ergebnisse aus Studien der IEA *(International Association for the Evaluation of Educational Achievement)* in der OECD-Reihe *Bildung auf einen Blick* berichtet, also zum Beispiel aus TIMSS *(Third International Mathematics and Science Study)*.

Seit geraumer Zeit arbeitet die OECD daran, ihr Indikatorenprogramm für Bildungssysteme um eigene Erhebungen zu Bildungs*ergebnissen* zu ergänzen. Letztlich sind es ja die Bildungsergebnisse (der so genannte „Output" sowie damit verbundene Folgen), die als Humanressource wirksam werden. Von Interesse ist dann aber auch, wie Länder über Strukturen bzw. „Input" und Steuerungsmechanismen Bildungsergebnisse einer bestimmten Qualität erzielen. Von einer entsprechenden Berichterstattung erhofft sich insbesondere die in den Teilnehmerstaaten verantwortliche Bildungsadministration wertvolle Hinweise auf Möglichkeiten, das jeweilige Bildungssystem weiterzuentwickeln. In diesem Bezugsrahmen hat die OECD ein anspruchsvolles Erhebungsprogramm für bedeutsame Kompetenzbereiche entwickelt. Den am Programm teilnehmenden Staaten sollen systematisch vergleichbare Daten über die Ressourcenausstattung, individuelle Nutzung sowie Funktions- und Leistungsfähigkeit ihrer Bildungssysteme zur Verfügung gestellt werden.

Das *Programme for International Student Assessment* (PISA) ist ein wichtiger Teil dieses Indikatorenprogramms der OECD. Die Erhebungen zu PISA sollen auf Dauer durchgeführt werden; sie finden regelmäßig im Abstand von drei Jahren statt. Die erste PISA-Runde wurde im Jahr 2000 durchgeführt; die Berichterstattung erfolgte Ende 2001.

Bei allen PISA-Erhebungen wird der Zielgruppe ein gemeinsamer Bestand an Fragen und Aufgaben vorgelegt, sodass Veränderungen über die verschiedenen Erhebungsrunden erfasst werden. Für die einzelnen Erhebungszyklen werden aber auch bestimmte Schwerpunkte gesetzt und vertieft untersucht. Auf diese Weise kann kontinuierlich neues Fragen- und Aufgabenmaterial in die Untersuchung eingebracht werden. Vor allem aber besteht die Möglichkeit, zu bestimmten Zeitpunkten die feststellbaren Kompetenzen, Stärken und Schwächen differenzierter zu analysieren und zu beschreiben.

2.1 Das Bildungsverständnis von PISA

Mit dem *Programme for International Student Assessment* möchte die OECD den kumulativen Ertrag von Bildungssystemen am Ende der Pflichtschulzeit erfassen. PISA untersucht deshalb Kompetenzen, die 15-jährige Schüler im Verlauf ihrer Schulzeit erworben haben. PISA konzentriert sich dabei auf einige Kompetenzbereiche, denen eine Schlüsselstellung für die Teilhabe am gesellschaftlichen und kulturellen Leben zugesprochen wird. Gegenstand der PISA-Tests sind die Kompetenzbereiche Lesen, Mathematik und Naturwissenschaften. Zusätzlich werden mit variierenden Schwerpunktsetzungen fächerübergreifende Kompetenzen untersucht. Inwieweit kann nun PISA mit diesem Ansatz Aussagen über die in den Ländern erzielten Bildungsergebnisse treffen?

Tatsächlich ist es selbst im Rahmen einer sehr aufwändigen Studie nicht möglich, umfassend alles zu testen und abzubilden, was Jugendliche innerhalb der Schule, aber auch außerhalb der Schule, bis zu einem bestimmten Lebensalter gelernt haben. Die Entwicklung einer Testkonzeption wird zusätzlich erschwert durch die beträchtlichen Unterschiede in den Lerngelegenheiten, die zwischen Staaten, aber auch innerhalb der Länder festzustellen sind, zum Beispiel in Abhängigkeit von Schulform, familiären Anregungsbedingungen oder persönlichen Interessen. Der Testansatz muss entsprechend konzentriert werden auf Bereiche, die für alle gleichermaßen zugänglich waren und denen eine besondere Bedeutung zukommt. Die Testkonzeption benötigt deshalb einen gut begründeten normativen Bezugspunkt.

Die mit PISA verbundene Leitfrage der OECD lautet, inwieweit die Schulen bzw. Bildungssysteme die Jugendlichen auf das Erwachsenenleben und Anforderungen der Zukunft vorbereiten. Dass die „Vorbereitung auf die Zukunft" ein gemeinhin akzeptierter Bezugspunkt für die schulische Bildung ist, dürfte unbestritten sein. Allerdings muss diese allgemeine Formel genauer bestimmt werden. Die OECD geht von der grundlegenden Vorstellung aus, dass heute und in Zukunft über die gesamte Lebensspanne und in allen Lebensbereichen kontinuierlich weitergelernt wird. Aus dieser Perspektive kommt es nicht so sehr auf die bloße Menge an Wissen an, die im Verlauf der Schulzeit erworben wurde. Entscheidend wird vielmehr, dass das im Verlauf der Schulzeit angeeignete Wissen ausgezeichnete Voraussetzungen für ein lebenslanges Weiterlernen bietet. Von der Leitfrage der OECD gelangt man zu einem ausschlaggebenden Kriterium für die Qualität von Bildungsergebnissen, wenn man untersucht, ob die Jugendlichen am Ende der Pflichtschulzeit über Wissen verfügen, das für nachfolgendes Lernen anschlussfähig ist. Auf diese Weise kann man auch die vom Bildungssystem erwartete Vorbereitung auf zukünftige Herausforderungen beurteilen. Zu einem gegebenen Zeitpunkt kann man ja nicht vorhersagen, mit welchen konkreten Anforderungen die getesteten Jugendlichen in den nächsten Jahren oder gar Jahrzehnten konfrontiert werden. Bei PISA wird dieses Problem so gelöst, dass man sich eben auf wesentliche Voraussetzungen für ein weiterführendes Lernen in wichtigen Bereichen konzentriert. PISA untersucht damit nicht die Ergebnisse abgeschlossener Bildungsprozesse, sondern in gewisser Weise die notwendigen Voraussetzungen für weiterführende Lern- und Bildungsprozesse.

Ein Beispiel soll diesen Ansatz verdeutlichen: Wenn heute von einer „Wissensgesellschaft" gesprochen wird, ist damit die Erwartung verbunden, dass auch in den nächsten Jahren der dynamische Wissenszuwachs weiter vorangehen wird. Man kann heute zwar nicht vorhersagen, welche Erkenntnisse in zehn oder zwölf Jahren gewonnen werden. Allerdings kann man durchaus die Prognose treffen, dass neues Wissen in irgendeiner Form von Text festgehalten, ausgetauscht und zugänglich sein wird. Damit wird die Lesekompetenz zu einer grundlegenden Voraussetzung für eine Beteiligung an der Wissensgesellschaft bzw. für das Weiterlernen oder für das Verfolgen neuer Entwicklungen. Die Testkonzeption muss dann freilich auch so angelegt werden, dass anhand einer Bandbreite von einschlägigen Textsorten und Themenbereichen bedeutsame Aspekte der Lesekompetenz erfasst werden. In ähnlicher Weise werden notwendige Voraussetzungen für eine weiterführende Auseinandersetzung mit mathematischen und naturwissenschaftlichen Problemstellungen bei den Schülern untersucht. Erfasst werden dabei etwa das mathematische Modellieren oder das Grundverständnis von naturwissenschaftlichen Denk- und Arbeitsweisen – Kompetenzen also, von denen man annehmen kann, dass sie entscheidende Voraussetzungen für ein Weiterlernen in diesen und verwandten Inhaltsbereichen darstellen.

2.2 Bildung und „Literacy"

In den englischsprachigen Texten der OECD findet man den Begriff „Bildung" nicht; vielmehr wird von *Literacy* gesprochen. Diese Begriffsverwendung ist zunächst darauf zurückzuführen, dass es keine wirklich passende englische Bezeichnung für das deutsche

Wort „Bildung" gibt. Umgekehrt fällt es im Deutschen schwer, eine treffende und gebräuchliche Bezeichnung für das zu finden, was mit *Literacy* gemeint ist. In der Verwendung des Begriffs *Literacy* (und nicht etwa *Education*) kommt auch eine theoretische Vorstellung zum Ausdruck, die mit neueren Diskussionen im englischsprachigen Raum über die Ziele von Schule zu tun hat.

Der Ausgangspunkt der internationalen Debatte liegt in einem Verständnis von *Literacy* als Lese- und Schreibfähigkeit (Literalität). Die ursprüngliche Bezeichnung einer elementaren Fähigkeit, zu lesen und zu schreiben (etwa im Sinne einer Alphabetisierung), wurde im Lauf der Jahre erweitert zur Fähigkeit, Texte unterschiedlicher Schwierigkeit und Komplexität zu verstehen bzw. zu verfassen. Es geht also nicht mehr um das Buchstabieren, sondern um das sinnentnehmende Lesen und die Interpretation von Texten. Neuere theoretische Konzeptionen zu *Literacy* betonen dann vor allem den funktionalen Aspekt, in einer Kultur, die in vielfältiger Weise auf Schrift bzw. Lesen und Schreiben beruht, handlungs- oder verkehrsfähig zu werden. Freilich gilt diese Anforderung *für alle* Bürger. Aus der Sicht einer *Literacy*-Konzeption gelangt man also zu Kompetenzanforderungen, die möglichst von allen Schülern bzw. Bürgern erfüllt werden sollten. Allerdings muss der Testsatz so angelegt sein, dass individuelle wie internationale Unterschiede abgebildet werden können. Innerhalb und zwischen den Ländern können sich ja sehr unterschiedliche Niveaus und Verteilungen von Lesekompetenz entwickelt haben, die unbedingt über den Test erfasst und in der Berichterstattung zurückgemeldet werden müssen, um eine Vorstellung davon zu erhalten, wie es mit der Kompetenz *aller* Schüler derzeit bestellt ist.

Das Verständnis von Literalität als Voraussetzung für die Teilhabe an einer Kultur bietet die Möglichkeit, den *Literacy*-Begriff auch auf andere Domänen wie die Mathematik und die Naturwissenschaften zu übertragen.

Nimmt man das Beispiel der Mathematik, dann kann man ebenfalls von elementaren Fertigkeiten sprechen, die in unserer Kultur erforderlich sind, um handlungs- oder austauschfähig zu werden. In der internationalen Diskussion der Mathematikdidaktiker hat sich dann aber – ähnlich wie im Bereich der Lese- und Schreibforschung – eine anspruchsvollere Konzeption von mathematischer Literalität behauptet. Sie bestreitet zwar nicht den Nutzen einer grundlegenden Rechenfertigkeit, betont jedoch die Mächtigkeit mathematischer Werkzeuge für das Lösen unterschiedlicher Probleme und verweist auf die Durchdringung unserer Kultur mit Mathematik (auch im Sinne einer besonderen Sprache) und das Ziel, an einer durch Mathematik geprägten Kultur teilhaben zu können. Voraussetzung dafür sind grundlegende mathematische Kompetenzen, die weit über die bloße Rechenfertigkeit hinausreichen.

Der Begriff *Literacy* wird seit einigen Jahrzehnten ebenfalls international verwendet, um Ziele des naturwissenschaftlichen Unterrichts zu begründen und zu unterscheiden. Auch hier wird auf die Tatsache verwiesen, dass unsere Kultur entscheidend von den Naturwissenschaften und der eng mit ihnen verbundenen Technik geprägt ist. Um an dieser Kultur teilhaben zu können, sind grundlegende naturwissenschaftliche Kompetenzen erforderlich. Wie die allgemeine Formel „Teilhabe an einer Kultur" genutzt werden kann, um Anforderungen an das Lernen von Naturwissenschaften genauer einzugrenzen, wird in einem der nachfolgenden Abschnitte exemplarisch dargelegt.

An dieser Stelle wird jedenfalls ersichtlich, dass die Verwendung des *Literacy*-Begriffs auf eine Bildungskonzeption hinweist, die in erster Linie die *Funktion von Bildung* (im Zusammenhang mit der Kultur bzw. Gesellschaft) betont. In der sehr reichhaltigen Tradition der deutschsprachigen Bildungsdiskussion war und ist die kulturelle Funktion – oder gar der Nutzen – ein Aspekt neben anderen. Der Beitrag von mathematischer oder naturwissenschaftlicher Kompetenz zu einem differenzierteren Selbst- und Weltverständnis etwa, der in der deutschen Bildungstradition hervorgehoben wurde, spielt in der *Literacy*-Vorstellung eine eher nachgeordnete Rolle. Auf der anderen Seite erleichtert es die pragmatische Orientierung an der kulturellen und gesellschaftlichen Funktion von Bildung, einen international (für die OECD-Staaten) weitgehend vergleichbaren und empirisch gut erfassbaren Testansatz zu entwickeln. Bei einer genaueren Betrachtung von *Literacy*-Konzeptionen in der internationalen Literatur zur Mathematik- und Naturwissenschaftsdidaktik *(Mathematics* bzw. *Science Education)* wird man jedoch feststellen, dass inzwischen viele Überlegungen und Vorstellungen europäischer bzw. deutscher Bildungs- oder Didaktiktheorien im englischsprachigen Raum wahrgenommen und aufgegriffen wurden. So hat zum Beispiel die (mit der europäischen Tradition verbundene) Vorstellung, dass die Beschäftigung mit den Naturwissenschaften oder der Mathematik auch eine ästhetische Komponente aufweist, zwischenzeitlich in einigen englischsprachigen *Literacy*-Konzeptionen Eingang gefunden. Auch bei einer differenzierten Betrachtung der neueren PISA-Rahmenkonzeptionen (OECD, 2003) lässt sich die Annäherung der *Literacy*-Vorstellung an europäische bzw. deutsche Bildungskonzeptionen feststellen. Wenn man also den *Literacy*-Begriff in die deutsche Sprache übertragen will, bietet sich die Bezeichnung „Grundbildung" an. Sie drückt aus, dass damit Voraussetzungen für eine weitergehende Beschäftigung mit einem Gegenstandsbereich bzw. einer fachlich geprägten Kultur beschrieben werden.

2.3 Bildung und Kompetenz

Wie oben dargelegt wurde, ist der Testansatz bei PISA bestimmt durch eine Vorstellung von Grundbildung und lebenslangem Lernen: Im Blickpunkt steht das Wissen bzw. Verständnis, das erforderlich ist, um an einer modernen, sich dynamisch entwickelnden Gesellschaft teilzuhaben, die in Beruf wie Alltag durch bestimmte fachliche Kulturen geprägt ist. Am Ende der Pflichtschulzeit werden Wissen und Fähigkeiten untersucht, die „anschlussfähig" sind für nachfolgende Bildungsprozesse, und dies über die gesamte Lebensspanne.

Damit das im Verlauf der Schulzeit angeeignete Wissen beim Lösen von Problemen oder für das Weiterlernen genutzt werden kann, muss es in unterschiedlichen Situationen anwendbar sein. PISA verzichtet deshalb darauf, auswendig gelerntes Detailwissen abzufragen. Ein entsprechender, an Schulbuchwissen orientierter Testansatz ließe sich international nicht sinnvoll umsetzen. PISA interessiert sich vielmehr für das fachbezogene Verständnis, das sich über größere Lehr- und Lernetappen entwickelt hat und mit dem die Schüler in unterschiedlichen Kontexten arbeiten können. Die Schüler werden deshalb mit realitätsnahen Aufgaben und Problemen konfrontiert, die eine flexible, situationsspezifische Anwendung von Wissen verlangen. Eine relativ große Bandbreite von solchen Anwendungssituationen stellt sicher, dass die Fähigkeit, das Wissen in vielfältigen Lebenssituationen erfolgreich zu nutzen, getestet wird.

So zielt PISA im Bereich Lesen vor allem auf das Textverständnis, die Fähigkeit, schriftliches Material zu interpretieren und über Inhalt und Eigenschaften von Texten zu reflektieren. Im Bereich Mathematik kommt es eher auf die Fähigkeit an, quantitativ zu argumentieren und Beziehungen oder Abhängigkeiten zu erfassen, als die für Schulbücher typischen Fragen zu beantworten. Und für die Naturwissenschaften sind spezifische Kenntnisse, etwa die Namen bestimmter Pflanzen oder Tiere, weniger wichtig als ein Verständnis von umfassenden Konzepten und Themen wie genetische Steuerung oder Evolution.

Mit den bei PISA entwickelten und verwendeten Tests soll in gewisser Weise das Potenzial der Jugendlichen ausgelotet werden, in den untersuchten Inhaltsbereichen typische realitätsnahe Probleme zu lösen und sich neues Wissen anzueignen. Die Tests zielen also darauf ab, die Leistungsfähigkeit der Schüler zu messen. Aus den beobachteten Testleistungen wird auf zu Grunde liegende Fähigkeiten geschlossen. Bei PISA wird hier der Begriff „Kompetenz" verwendet, um auszudrücken, dass Aussagen über das *Leistungspotenzial* getroffen werden sollen. Dahinter steht auch die Vorstellung, dass in der Konfrontation mit Aufgaben Wissen aktiviert wird, zunächst um die Aufgabe zu verstehen und einzuordnen, dann um Lösungswege zu erarbeiten und Fortschritte bzw. die Tragfähigkeit der Lösung zu überprüfen.

Wie bereits erwähnt, wird bei PISA zwischen fachbezogenen und fächerübergreifenden Kompetenzen unterschieden. Der Testkonzeption für die *Inhaltsbereiche* (also Lesen, Mathematik und Naturwissenschaften) liegt eine gemeinsame Grobstruktur zu Grunde. Sie differenziert zwischen inhaltlichen bzw. *konzeptuellen* Aspekten („Wissen, dass") und *Prozessen* oder Prozeduren („Wissen, wie"), die auf *Situationsklassen* oder Kontexte bezogen werden. Die Testkonzeption nimmt damit grundlegende Unterscheidungen aus den Kognitionswissenschaften auf. Die Inhaltsseite wird bei den Erhebungen zur Lesekompetenz durch eine systematische Unterscheidung von Textsorten beschrieben (z.B. kontinuierliche Texte wie Beschreibungen, Erzählungen, Darlegungen oder Anweisungen und nichtkontinuierliche Texte wie Formulare, Tabellen, Schaubilder). Auf der Seite der Prozesse wird etwa unterschieden zwischen dem Ermitteln von Informationen aus Texten, dem Interpretieren und dem Reflektieren der Texte nach Form wie Inhalt. Lesesituationen wiederum werden gegliedert nach privat, berufsbezogen, bildungsbezogen und öffentlich. Die Lesekompetenz wird somit nach bestimmten (theoretisch begründeten) Gesichtspunkten strukturiert. Diese Strukturierung steuert die Aufgabenkonstruktion und bietet die Möglichkeit, bestimmte Teildimensionen der Lesekompetenz zu unterscheiden und bei den Auswertungen zu berichten. In analoger Weise werden für die Ma-

Bereich	Lesekompetenz	Mathematische Grundbildung	Naturwissenschaftliche Grundbildung
Definition	Geschriebene Texte zu verstehen, zu nutzen und über sie zu reflektieren, um eigene Ziele zu erreichen, das eigene Wissen und Potenzial weiterzuentwickeln und am gesellschaftlichen Leben teilzunehmen.	Die Rolle zu erkennen und zu verstehen, die die Mathematik in der Welt spielt, fundierte mathematische Urteile abzugeben und sich auf eine Weise mit der Mathematik zu befassen, die den Anforderungen des gegenwärtigen und künftigen Lebens einer Person als konstruktivem, engagiertem und reflektierendem Bürger entspricht.	Naturwissenschaftliches Wissen anzuwenden, naturwissenschaftliche Fragen zu erkennen und aus Belegen Schlussfolgerungen zu ziehen, um Entscheidungen zu verstehen und zu treffen, die die natürliche Welt und die durch menschliches Handeln an ihr vorgenommenen Veränderungen betreffen.
Komponenten/ Dimensionen des Bereichs	Verschiedene Arten von Texten lesen: kontinuierliche Texte, klassifiziert nach Typen (z.B. Beschreibung, Erzählung), und Dokumente, klassifiziert nach Struktur.	Mathematische *Inhalte* – primär „mathematische Leitideen". Im ersten Zyklus werden die Leitideen Veränderung und Wachstum sowie Raum und Form verwendet. In künftigen Zyklen werden auch Zufall, quantitatives Denken, Ungewissheit sowie Abhängigkeiten und Beziehungen einbezogen.	*Naturwissenschaftliche Konzepte* – z.B. Energieerhalt, Anpassung, Zerfall –, ausgewählt aus den Hauptbereichen der Physik, Biologie, Chemie usw., wobei sie auf Angelegenheiten angewendet werden, die mit Energieverbrauch, Artenerhalt oder Gebrauch von Materialien zu tun haben.
	Verschiedene Arten von *Leseaufgaben* ausführen, etwa bestimmte Informationen heraussuchen, eine Interpretation entwickeln oder über den Inhalt oder die Form eines Textes reflektieren.	Mathematische *Kompetenzen*, z.B. Modellierung, Problemlösen; unterteilt in drei Klassen: i) Verfahren ausführen, ii) Verbindungen und Zusammenhänge herstellen iii) Mathematisches Denken und Verallgemeinern.	*Prozedurale Fähigkeiten* – z.B. Belege bzw. Nachweise identifizieren, Schlussfolgerungen ziehen, bewerten und kommunizieren. Diese Fähigkeiten hängen nicht von einem bereits vorhandenen Bestand an naturwissenschaftlichen Kenntnissen ab, können jedoch auch nicht ohne einen naturwissenschaftlichen Inhalt angewendet werden.
	Texte lesen, die für verschiedene *Situationen* geschrieben wurden, z.B. für persönliche Interessen oder um Arbeitsanforderungen zu genügen.	Anwendung von Mathematik in unterschiedlichen *Situationen*, z.B. Probleme, die Individuen, Gemeinschaften oder die ganze Welt betreffen.	Anwendung naturwissenschaftlicher Kenntnisse in unterschiedlichen *Situationen*, z.B. auf Probleme, die Individuen, Gemeinschaften oder die ganze Welt betreffen.

Tabelle 2.1 Zusammenfassende Darstellung der PISA-Dimensionen

thematiktests auf der Konzeptseite übergreifende mathematische Leitideen unterschieden (z.B. Zufall und Ungewissheit, Veränderung und Wachstum, Raum und Form). Zu den Prozessen zählen zum Beispiel das mathematische Modellieren und Argumentieren und die Fähigkeit, unterschiedliche mathematische Darstellungsformen zu nutzen. Die Tabelle 2.1 gibt einen Überblick über die Grundstruktur des Erhebungsansatzes für Lesen, Mathematik und Naturwissenschaften.

Die Konzentration von PISA auf die Gebiete Lesen, Mathematik und Naturwissenschaften bedeutet nicht, dass die OECD nur diese Kompetenzbereiche als bedeutsam betrachtet. Sicher wird man diesen Bereichen aus einer wirtschaftlichen, politischen und gesellschaftlichen Perspektive heraus besondere Aufmerksamkeit widmen. Es lassen sich auch viele Gründe anführen, die zeigen, inwiefern diese Bereiche bereits derzeit im beruflichen, privaten und politischen Leben gefordert werden. Für die Konzentration auf diese Bereiche sprechen aber auch pragmatische Gründe: Es liegen inzwischen langjährige Erfahrungen aus der Testentwicklung und Anwendung in internationalen Vergleichsstudien vor; der Entwicklungsstand der entsprechenden fachdidaktischen Forschung ist im Vergleich zu anderen Fachgebieten verhältnismäßig gut. Mit diesen Bereichen wird auch eine gewisse Breite und Vielseitigkeit im Wissen und Verständnis angesprochen.

2.4 Die Testkonzeption für den Bereich Naturwissenschaften

Gegenüber den Bereichen Lesen und Mathematik fällt es für das Feld der Naturwissenschaften schwerer, von Literalität zu sprechen. Der Bezug zu einer Sprache ist bei den Naturwissenschaften weniger offensichtlich. Die Beherrschung der Muttersprache in Wort und Schrift sowie ein sicherer Umgang mit mathematischen Symbolen und Modellen gelten in allen modernen Staaten als Garant, um Anschluss an Entwicklungen zu halten und gesellschaftlich integriert zu bleiben. Die Muttersprache ist das Medium der sprachlichen Aneignung der eigenen Kultur. Mathematik ist eine formalisierte Sprache, die sich in einem langen historischen Prozess entwickelt hat und in unterschiedlicher Form zu einem selbstverständlichen Kommunikationsmittel in vielen Berufen und wissenschaftlichen Disziplinen geworden ist. Jemand, der heutzutage nicht lesen und schreiben kann und kaum Ahnung von Mathematik besitzt, hat in keinem Bereich auf der Welt die Chance, Schritt zu halten mit aktuellen Geschehnissen – zudem kann er im Alltag weder eine Gebrauchsanweisung lesen noch eine Arztrechnung überprüfen.

Man wird deshalb im Alltag sehr viel schneller negative Folgen einer fehlenden Lese- und Mathematikkompetenz zu spüren bekommen als die einer unzureichenden naturwissenschaftlichen Kompetenz. Dennoch ist auch hier mit Konsequenzen zu rechnen. Diese betreffen aber eher selten die inkompetente Person selbst, sondern andere Personen bzw. die Gesellschaft oder nachfolgende Generationen. Die gelegentlich festzustellende Ignoranz gegenüber naturwissenschaftlicher Kompetenz (bzw. ihrem Status im Rahmen einer Idee von Allgemeinbildung) kann man darauf zurückführen, dass naturwissenschaftliche Inkompetenz nicht unmittelbar zu negativen Konsequenzen führt. Dies bedeutet aber auch, dass die Idee einer funktionalen Literalität – als Voraussetzung zur Teilhabe an einer durch die Naturwissenschaften geprägten Kultur – nur bedingt auf den Bereich der Naturwissenschaften übertragen werden kann. Einige Autoren betrachten deshalb die Redeweise von einer naturwissenschaftlichen Literalität *(Scientific Literacy)* als metaphorisch.

Der Stellenwert einer naturwissenschaftlichen Grundbildung wird allerdings nicht dadurch gemindert, dass Personen von sich behaupten können, ohne naturwissenschaftliche Kompetenz ein erfolgreiches Leben geführt zu haben. Die Definition naturwissenschaftlicher Grundbildung *(Literacy)*, die der ersten PISA-Erhebung zu Grunde liegt, holt deshalb etwas weiter aus: „Naturwissenschaftliche Grundbildung (Scientific Literacy) ist die Fähigkeit, naturwissenschaftliches Wissen anzuwenden, naturwissenschaftliche Fragen zu erkennen und aus Belegen Schlussfolgerungen zu ziehen, um Entscheidungen zu verstehen und zu treffen, die die natürliche Welt und die durch menschliches Handeln an ihr vorgenommenen Veränderungen betreffen." (OECD, 1999, S. 66) Hier wird eine Beziehung zwischen naturwissenschaftlicher Kompetenz und Entscheidungen hergestellt, an denen alle Bürger (ob bewusst und oder nicht bewusst bzw. absichtlich) mitwirken und die sie wie nachfolgende Generationen betreffen. PISA untersucht damit naturwissenschaftliche Grundbildung als Voraussetzung für eine verständige und verantwortungsvolle Teilhabe am gesellschaftlichen Leben und einer durch die Naturwissenschaften und Technik geprägten Kultur. Diese Anforderung gilt für alle Schüler als zukünftige Bürger. Freilich wird gerade in dem umfangreichen Feld dynamisch sich entwickelnder und ausdifferenzierender Naturwissenschaften deutlich, bis zu welchem Grad Jugendliche naturwissenschaftlich kompetent sein können. Auch hier muss die Testkonzeption einerseits realistische Erwartungen stellen, andererseits aber auch Ansprüche vertreten, die tatsächlich eine Teilhabe an naturwissenschaftlichen Entwicklungen und eine vernünftige Beteiligung an Diskursen oder Entscheidungen gestatten. Eine Testkonzeption, die hier anspruchsvoll bleibt, trägt auch dazu bei, das Potenzial an naturwissenschaftlichem Nachwuchs in einem Land besser einzuschätzen.

Auch bei einer Übereinstimmung in grundsätzlichen Fragen ist es schwer, die Anforderungen für naturwissenschaftliche Grundbildung genau zu bestimmen. Ein Grund für diese Schwierigkeit liegt im ständigen und rapiden Erkenntniszuwachs in den Naturwissenschaften. Es stellt sich immer wieder die Frage, welche Themen eigentlich für eine naturwissenschaftliche Grundbildung wichtig sind bzw. welches Wissen eventuell veraltet ist und an Relevanz verloren hat. Hier eine Entscheidung zu fällen und bestimmte Bereiche und Anforderungen zu bestimmen, bedeutet eine schwierige Gratwanderung. An dieser Stelle sind die recht detaillierten Kompetenzbeschreibungen des *Scientific Literacy*-Konzepts von Vorteil, und auch PISA nutzt diese Ansätze, um das Verständnis von naturwissenschaftlicher Grundbildung näher zu bestimmen. Sie bieten sich als Bezugsrahmen für die international vergleichende Untersuchung naturwissenschaftlicher Kompetenz an.

Der Untersuchungsansatz zur naturwissenschaftlichen Grundbildung wird im PISA-Test durch drei Aspekte konkretisiert, die von der internationalen Rahmenkonzeption (siehe Kap. 3, in diesem Band) vorgegeben werden:
(1) naturwissenschaftliche Prozesse,
(2) naturwissenschaftliche Konzepte und Inhalte,
(3) Anwendungsbereiche.

Unter „naturwissenschaftlichen Prozessen" versteht PISA mentale Aktivitäten, die beim Konzipieren, Erheben und Interpretieren von Daten gebraucht werden. Als typische naturwissenschaftliche Prozesse werden Denk-, Herangehens- und Arbeitsweisen der Schüler bezeichnet, die bei naturwissenschaftlichen Untersuchungen, bei der Erhebung und Interpretation von Daten und bei der Begründung von Schlussfolgerungen ausgeführt werden. Generell brauchen Schüler darüber hinaus konzeptuelles Wissen, um Phänomene der natürlichen und der vom Menschen geschaffenen Welt zu verstehen. PISA zielt darauf ab, zentrale und grundlegende Ideen – so genannte *big ideas* – abzufragen. Dabei sind die in PISA gestellten Aufgaben grundlegenden Konzepten der Physik, Chemie, Biologie und den Geowissenschaften zugeordnet und beziehen sich auf eine Reihe von praxisnahen Themengebieten wie beispielsweise dem Wirken von physikalischen Kräften oder Fragen zu Evolution und Artenvielfalt. Das von PISA verfolgte Verständnis naturwissenschaftlicher Kompetenz betont stets die Anwendbarkeit von Prozessen und Konzepten auf realistische Fragestellungen und Probleme.

2.5 Fächerübergreifende Kompetenzen

Die vierte Komponente im PISA-Testansatz wird mit der Bezeichnung „Fächerübergreifende Kompetenzen" *(cross-curricular competencies)* überschrieben. In diesem Bereich werden über die Erhebungsrunden mit variierender Schwerpunktsetzung Kompetenzen mit einem sehr breiten Anwendungsfeld erfasst, die man auch als Schlüsselqualifikationen bezeichnen könnte. PISA hat sich hier bisher auf drei Aspekte konzentriert: die Vertrautheit mit dem Computer bzw. neuen Informationstechnologien, die Fähigkeit, das eigene Lernen zu steuern, und die Kompetenz, komplexere fachübergreifende Probleme zu lösen.

Die *Vertrautheit mit dem Computer* wurde in den ersten Erhebungsrunden über Fragebogen untersucht. Der größte Teil der Fragen erfasste Selbsteinschätzungen der Kompetenz und der Nutzung von Computern und Informationstechnologien zu verschiedenen Zwecken. Dieser nur bedingt objektivierbare Erhebungsansatz wurde in deutschen Zusatzstudien in Richtung Kompetenzmessung ausgeweitet; auf mittlere Sicht zielt PISA auch international auf eine Erhebung der *Computer Literacy* durch Testverfahren ab. Das Beispiel *Computer Literacy* zeigt sehr schön, was mit den fächerübergreifenden Kompetenzen und ihrem Stellenwert für das weitere Lernen und Leben der Jugendlichen gemeint ist. Dabei wird die *Computer Literacy* nicht nur durch mehr oder weniger technische Fähigkeiten und Fertigkeiten charakterisiert. Es geht dabei ja auch darum, sich souverän und zielbezogen in bestimmten Wissensstrukturen (z.B. Hypertext) zu bewegen und dabei etwa die Zuverlässigkeit von Informationsquellen im Internet abzuschätzen.

Die Fähigkeit, das eigene Lernen zu planen und zu steuern, wird in ganz unterschiedlichen Fach- und Lebensbereichen gelernt und benötigt. *Kompetenzen zum selbstregulierten Lernen*, die bei PISA per Fragebogen erfasst werden, betreffen kognitive Lernmethoden und Lernstrategien, die motivationale Steuerung des Lernens, aber auch soziale Aspekte des Lernens (eigenständig oder in Gruppen). Fragen nach Lernstrategien beziehen sich zum Beispiel auf die Art und Weise, wie die Schüler den Lernstoff gedanklich durcharbeiten, organisieren und memorieren, wie sie ihr Lernen planen und vorbereiten und welche Hilfsmittel sie nutzen. Die motivationale Steuerung gewinnt besondere Bedeutung, wenn die Schüler mit sehr schwierigen, zeitlich und kognitiv beanspruchenden Lernanforderungen konfrontiert werden, aber auch wenn sie sich den eher langweilig anmutenden Anforderungen gegenübersehen, sich bestimmte Sachverhalte einzuprägen oder Fertigkeiten einzuüben. Gerade in Hinblick auf das Lernen über die Lebensspanne interessiert die Kompetenz von Jugendlichen, ihr Lernen selbst zu organisieren, von der Zielklärung bis zur Selbstevaluation bzw. gemeinsam mit anderen zu lernen, also kooperativ, in einem Team.

Die *Kompetenz zum Problemlösen* wird international in der Erhebungsrunde 2003 relativ intensiv untersucht. Die Schüler werden mit Problemstellungen konfrontiert, zu deren Lösung Strategien und Wissen aus ganz unterschiedlichen Bereichen genutzt werden müssen. Im Zentrum stehen Problemtypen wie zum Beispiel nach Bearbeitung komplexer Informationen (z.B. über Schmerzmittel, ihre Anwendungsbereiche und Nebenwirkungen) Entscheidungen zu treffen oder Fehler in Systemen (z.B. eine defekte Luftpumpe) zu lokalisieren und zu identifizieren.

Die Testkonzeption zu fächerübergreifenden Kompetenzen findet ihr Gegenüber in sich überlappenden Zielstellungen von Schulgesetzen und Lehrplänen, die den Beitrag der Schule zur Entwicklung von Schlüsselqualifikationen und zur Persönlichkeitsbildung betonen. PISA hat die Herausforderung aufgegriffen, nicht nur fachliches Wissen zu testen. Grenzen für die Untersuchung bedeutsamer Persönlichkeitsaspekte oder sozialer Kompetenzen ergeben sich aufgrund der Testformate, die ökonomisch bei großen Stichproben umgesetzt werden können. Mit „Papier und Bleistift"-Aufgaben können bestimmte Kompetenzbereiche nicht angemessen getestet werden. PISA bemüht sich allerdings darum, das Spektrum an Test- und Aufgabenformaten deutlich zu erweitern, etwa durch die Vorbereitung von computergestützten Untersuchungen. In Deutschland wurden in der Erhebungsrunde 2000 ebenfalls eine Reihe von explorativen Studien durchgeführt, die dazu dienten, Möglichkeiten der Untersuchung von sozialen Kompetenzen bei Gruppenaufgaben zu testen.

2.6 Die Untersuchung von Bildungsergebnissen und ihr Bezug zu den Lehrplänen

PISA untersucht, inwieweit die Jugendlichen in ihren Bildungssystemen auf zukünftige Anforderungen vorbereitet werden. Auch die Schulgesetze und Lehrpläne postulieren diese Zielsetzung. Freilich bemühen sich die Lehrpläne in vielen Ländern, zukunftsrelevante Kompetenzen fein aufzuschlüsseln, nach Fächern zu organisieren und in Lehr- und Lernschritte zu sequenzieren. Lehrpläne unterscheiden sich zwischen (und in

Deutschland auch innerhalb von) Ländern beträchtlich nicht nur hinsichtlich ihres Grades an Detaillierung und Verbindlichkeit, sondern auch in Bezug auf Zeitpunkte, zu denen bestimmte Sachverhalte unterrichtet werden. Unter der Zwecksetzung, Aussagen über die Bildungsergebnisse am Ende der Pflichtschulzeit zu treffen, kann PISA die Vorgaben der Lehrpläne summarisch betrachten. Insgesamt wird die Testkonzeption am Standardrepertoire des Mathematik-, Naturwissenschafts- und Leseunterrichts orientiert, das in OECD-Staaten im Verlauf des Sekundarunterrichts absolviert wird. Um diesen grundsätzlichen Bezug zum schulischen Unterricht sicherzustellen, werden alle Testaufgaben den Ländern zur Einschätzung des Lehrplanbezugs vorgelegt, bevor die Aufgaben getestet werden. Damit kann gewährleistet werden, dass Lerngelegenheiten zum Erwerb des erforderlichen Wissens und Verständnisses bestanden haben und die Aufgaben somit für die verschiedenen Schulsysteme fair sind.

Allerdings erhalten die Tests bei PISA ein besonderes Profil durch die Ausrichtung auf grundlegendes und anschlussfähiges Wissen (im Sinne von Konzept- und Prozesswissen) und durch die Betonung einer flexiblen Wissensanwendung. Die Akzentsetzungen erfolgen durch die internationalen Expertengruppen, die Rahmenkonzeptionen für die Testentwicklung erarbeiten und bei der Aufgabenauswahl mitwirken. Mit diesem Ansatz hat PISA ein Verfahren gewählt, das von dem Testansatz zum Beispiel bei TIMSS abweicht. Bei TIMSS wurde versucht, einen Kompromiss zwischen Anwendungsorientierung des Wissens und curricularer Anbindung der Testaufgaben an die Lehrpläne zu finden. Im Mathematik- und Naturwissenschaftstest der TIMS-Studie gibt es daher viele isolierte Items, die relativ schulbuchnahes Wissen abfragen. Von TIMSS zu PISA kann man deshalb einen deutlichen Fortschritt in der Testentwicklung feststellen, bei der es nun viel besser gelingt, anschlussfähiges Wissen und die Voraussetzung für das Weiterlernen zu erfassen.

2.7 Andere Länder, andere Kompetenzen?

Der PISA-Test beansprucht, Basiskompetenzen zu erfassen, die in modernen Gesellschaften für eine befriedigende Lebensführung in persönlicher und wirtschaftlicher Hinsicht sowie für eine aktive Teilnahme am gesellschaftlichen Leben notwendig sind. In diesem Zusammenhang taucht die Frage auf, ob in den teilnehmenden Staaten nicht ganz unterschiedliche Kompetenzen benötigt werden, da diese sich kulturell und wirtschaftlich unterscheiden. Brauchen beispielsweise junge Menschen in Mexiko die gleichen Kompetenzen wie ihre Gleichaltrigen in Finnland?

Die OECD argumentiert diesbezüglich, dass der Kern der OECD-Länder ähnlich strukturiert ist: Es handelt sich um Industrienationen, um Staaten, die sich als relativ hoch technologisch entwickelt verstehen und gleichzeitig demokratisch geprägt sind. Die Auffassung der OECD ist, dass sich in Zeiten zunehmender Globalisierung die Länder immer mehr annähern und es keinen Sinn hat, von nationalen Ökonomien zu sprechen. Wenn Wissen zunehmend als entscheidender Faktor für das zufrieden stellende Zu-

Abbildung 2.1 PISA-Teilnehmerstaaten

An PISA 2000 teilnehmende OECD-Mitgliedsstaaten: Australien, Belgien, Dänemark, Deutschland, Finnland, Frankreich, Griechenland, Irland, Island, Italien, Japan, Kanada, Korea, Luxemburg, Mexiko, Neuseeland, Niederlande, Norwegen, Österreich, Polen, Portugal, Schweden, Schweiz, Spanien, Tschechische Republik, Ungarn, Vereinigtes Königreich, Vereinigte Staaten

An PISA 2000 teilnehmende OECD-Nichtmitgliedsstaaten: Brasilien, Lettland, Liechtenstein, Russische Föderation

sammenleben und für nachhaltiges und erfolgreiches Wirtschaften begriffen wird und Nationen zunehmend als Wissensgesellschaften bezeichnet werden, dann sind grundlegende Kompetenzen in Mathematik, Lesen und Naturwissenschaften für alle Länder gleich bedeutsam.

Freilich befinden sich die Länder durchaus in unterschiedlichen Ausgangssituationen und müssen ihre jeweilige Situation reflektieren. Tatsächlich ist auch die Situation der OECD-Staaten durch viele Besonderheiten geprägt; sie beginnen bei der geographischen und demographischen Lage, betreffen die natürlichen Ressourcen und die wirtschaftliche Lage und enden beim Kompetenzniveau und der Bereitschaft, sich pragmatisch mit aktuellen Problemen auseinander zu setzen. In dieser Hinsicht unterscheiden sich Staaten wie Mexiko, Finnland, Slowenien, die Vereinigten Staaten und Deutschland. In Anbetracht der jeweiligen Ausgangslage und bezogen auf die globale Situation kann sich jedes einzelne Land fragen, wie es um seine Schülerkompetenzen bestellt ist und was es verbessern kann, um in Zukunft mit anderen Staaten mithalten zu können.

Insofern fördert PISA eine globale „Verortung" der einzelnen Länder hinsichtlich wichtiger grundlegender Kompetenzen. Es hat durchaus Sinn, in allen Ländern die gleichen Kompetenzen abzufragen, um so eine Vergleichbarkeit sicherzustellen. Ein Grundmissverständnis wäre es dabei, diese Vergleichbarkeit bei PISA und anderen Schulleistungsstudien mit einem Wettbewerb zu verwechseln, der die Länder in gut und schlecht einteilt oder bestimmte Länder als „die Besten" tituliert. Vielmehr müssen die Ergebnisse der PISA-Studie immer im Hinblick auf die jeweilige Situation der Staaten – den historischen und wirtschaftlichen Entwicklungen usw. – betrachtet werden. Dann erst lassen sich Aussagen darüber treffen, in welchem Entwicklungsstadium die einzelnen Staaten stehen, und ob sie bei einer Einbeziehung der Kontextfaktoren „gut" oder „schlecht" abschneiden. Bei einer Teilnahme an PISA geht es nicht darum, als Sieger hervorzugehen, sondern als Staat möglichst viele Rückmeldungen und Informationen darüber zu erhalten, wie es um das Bildungssystem bestellt ist. Fatal wäre es, in diesem Zusammenhang festzustellen, dass es beispielsweise große Anteile in der Bevölkerung gibt, die nicht lesen und schreiben können. Demgegenüber wäre es als positive Rückmeldung zu verstehen, wenn es gelänge, den Anteil von Menschen möglichst groß zu halten, die anspruchsvolle und komplexe Texte verstehen.

Vor diesem Hintergrund kann man sich an dieser Stelle fragen, was das „mittelmäßige" Abschneiden im PISA-Test für Deutschland bedeutet. Zunächst ist es wichtig, die Ausgangslage Deutschlands zu betrachten: Deutschland ist ein rohstoffarmes Land und hat eine Tradition, in der Schule und Bildung eine wichtige Rolle spielen. Im technologischen und technischen Bereich kann Deutschland gute Entwicklungen vorweisen und auch die Ausstattung von Schulen, die Zugriffsmöglichkeiten von Medien und die Anregungsmöglichkeiten der Umwelt sind – im Vergleich zu anderen, zum Beispiel osteuropäischen Staaten – sehr gut. Wenn man all diese Faktoren in den Blick nimmt und daraufhin das deutsche Ergebnis der PISA-Studie ansieht, dann erkennt man die gravierende Problematik des „mittelmäßigen" Abschneidens. Im Verhältnis zu den Voraussetzungen, die Deutschland mitbringt – gute soziale Unterstützungssysteme, Bildungstradition, relativer Wohlstand, gute technologische Entwicklungen usw. –, müssten die Ergebnisse eigentlich besser ausfallen. Deutschland investiert zwar weniger in den Bildungsbereich als beispielsweise Schweden, aber man findet insgesamt in der Bundesrepublik immer noch bessere Voraussetzungen als in vielen anderen PISA-Staaten. Warum erreichen Irland oder die Tschechische Republik bessere Ergebnisse, obwohl sie traditionelle Agrarländer sind und man annehmen könnte, dass die Voraussetzungen wesentlich schlechter sind als in Deutschland?

Bedenklich ist also das deutsche Ergebnis, wenn man die Voraussetzungen genau betrachtet. Deutschland müsste eigentlich besser abschneiden, besonders auch vor dem Hintergrund, dass in einem rohstoffarmen Land ohne große Vorkommen an Bodenschätzen Bildung einen hohen Stellenwert haben sollte. Die Bildung ist einer der wenigen Aspekte, in den Deutschland letztendlich erfolgreich investieren kann.

3 Wie ist der PISA-Test entstanden?

Seit dem ersten Erhebungszyklus der PISA-Studie im Jahr 2000 ist eine Vielzahl an Veröffentlichungen, TV-Dokumentationen und Radiosendungen zu PISA entstanden und gesendet worden. In erster Linie befassen sich die Beiträge mit den Ergebnissen des PISA-Tests und möglichen Entwicklungs- und Verbesserungschancen im Bildungsbereich. Die Entstehung der Testinstrumente, das heißt die wissenschaftliche Vorarbeit zur Entwicklung der Rahmenkonzeption und der Testverfahren, wird außerhalb der Berichte des PISA-Konsortiums nicht oder nur am Rande erwähnt. Um jedoch PISA in seiner Gesamtheit zu verstehen, ist es sinnvoll, auch die Rahmenkonzeption, die Entstehung der Tests sowie die Erhebung und Auswertung der Daten[1] genauer in den Blick zu nehmen.

Die PISA-Studie ist ein Kooperationsprojekt der OECD-Mitgliedsstaaten, das eine neuartige, regelmäßige Erfassung von Schülerleistungen ermöglichen soll. Die Erhebungen werden dabei von den Teilnehmerländern gemeinsam entwickelt und vereinbart und von nationalen Organisationen durchgeführt. Das *Board of Participating Countries* (BPC), in dem alle Teilnehmerländer vertreten sind, legt die Auswahl von Indikatoren fest und entscheidet über die Testverfahren und Berichterstattung der Ergebnisse. Experten aus den teilnehmenden Staaten bilden Arbeitsgruppen, die wiederum sicherstellen, dass sich die Zielsetzungen der PISA-Studie mit der „höchsten international verfügbaren fachwissenschaftlichen und verfahrenstechnischen Kompetenz in den verschiedenen Erhebungsbereichen verbinden" (Deutsches PISA-Konsortium, 2000, S. 5).

3.1 Eine Rahmenkonzeption für die PISA-Tests

Eine so genannte Rahmenkonzeption – auf Englisch *framework* – stellt das theoretische Fundament der OECD-PISA-Studie dar. In der Rahmenkonzeption liegt die Wahl der Kompetenzen, die mit PISA erfasst werden sollen, begründet. Wie in Kapitel 2 bereits erläutert, ist es Ziel der PISA-Studie, Kompetenzen zu ermitteln, die für die Allgemeinbildung, das Alltagsleben und für „Lebenslanges Lernen" wichtig sind. Angelehnt an so genannte „*Literacy*-Konzepte" wird hier erörtert, welche Kompetenzen in Lesen, Mathematik und Naturwissenschaften und welche bereichsübergreifenden Kompetenzen 15-jährigen Schülern helfen, in einer sich immer weiter globalisierenden Welt anschlussfähig zu bleiben und sich Chancen für ein erfolgreiches Berufsleben zu sichern.

In der Rahmenkonzeption wird ausführlich beschrieben, was diese Kompetenzen im Einzelnen ausmacht; damit stellt sie auch das Bindeglied zwischen den Kompetenzen, die von OECD-PISA formuliert wurden, und der konkreten Entwicklung der Testaufgaben dar. Dort sind die Strukturierungsprinzipien beschrieben, nach denen sich die Menge der Testaufgaben gliedern lässt. Für die Naturwissenschaften orientiert sich PISA an den nachfolgend erläuterten Prinzipien.

Zunächst wurde geklärt, welche Themen der Naturwissenschaften eigentlich wichtig sind und sich für Testaufgaben für 15-jährige Schüler aller Schulformen in allen teilnehmenden Staaten eignen. Dazu gehört mit Sicherheit nicht die Relativitätstheorie, denn diese muss und kann in der Regel kein 15-Jähriger verstehen, egal ob er das Gymnasium oder die Hauptschule besucht. Obwohl die Relativitätstheorie eine genaue Beschreibung der Beziehung zwischen Länge, Masse, Zeit und Geschwindigkeit bietet, sind beispielsweise die Newton'schen Gesetze für den Alltag weitaus nützlicher. Dort geht es um Beschreibungen von Kräften und Bewegungen, die zur Erklärung von Phänomenen, die wir im Alltag beobachten können, viel zweckmäßiger sind.

Um die Themen der Naturwissenschaften für PISA sinnvoll auszuwählen, wurden in der Rahmenkonzeption so genannte Basiskonzepte – *big ideas* – der Naturwissenschaft identifiziert und festgeschrieben. Dazu gehören zum Beispiel das Konzept der Energieerhaltung oder die Photosynthese. Die in der Abbildung 3.1 aufgeführten Konzepte lassen erkennen, dass sich das zu messende Wissen auf die großen Hauptbereiche der Naturwissenschaften bezieht: Physik, Chemie, Biologie und Geowissenschaften. Ein Kriterium für die Auswahl der Basiskonzepte war deren bleibende Bedeutung für das Leben im nächsten Jahrzehnt und darüber hinaus. Nur solche Themen, die nicht so schnell an Relevanz verlieren, wurden ausgewählt. Diese Auswahl geschah auch vor dem Hintergrund, dass die naturwissenschaftliche Kompetenz erst im Jahr 2006 Hauptgegenstand von PISA sein wird und die Konzepte auch dann noch einen hohen Stellenwert in den Naturwissenschaften haben sollten.

Aus den noch sehr abstrakten *big ideas* wurden in der Rahmenkonzeption anschließend konkretere Themen und Inhalte abgeleitet. Während zum Beispiel das Basiskonzept der Energieerhaltung noch sehr abstrakt erscheint und sowohl in der Biologie und Physik als auch der Chemie behandelt werden könnte, ist die Auseinandersetzung mit Atomkraftwerken ein konkretes Thema.

Ein weiteres Strukturierungsprinzip für die Auswahl der PISA-Aufgaben stellen die Kontexte bzw. Situationen dar, in denen die Themen eingebettet sind. Dahinter steht die Einsicht, dass es für die Konstruktion eines Testinstruments nicht ausreicht, die Inhalte und Themen festzulegen (Mechanik, Photosynthese usw.) ohne zu spezifizieren, in welche Kontexte und situativen Umfelder man das jeweilige Thema stellt. Wissensinhalte können in verschiedenen Anwendungsbereichen behandelt werden und die Schüler in unterschiedlichem Ausmaß ansprechen. Da die jeweils gewählte „Kontextualisierung" auch die Leistung der Schüler beeinflusst, ist es wichtig, das Spektrum der Situationen und Kontexte für die Testaufgaben sinnvoll festzulegen.

> Struktur und Eigenschaften von Stoffen
> (Wärmeleitfähigkeit und elektrische Leitfähigkeit)
>
> Atmosphärische Veränderungen
> (Strahlung, Transmission, Druck)
>
> Chemische und physikalische Veränderungen
> (Aggregatzustände, Reaktionsgeschwindigkeit, Zerfall)
>
> Energieumwandlungen
> (Energieerhalt, Energieabbau, Photosynthese)
>
> Kräfte und Bewegung
> (Kräfte im Gleichgewicht/Ungleichgewicht, Geschwindigkeit, Beschleunigung, Impuls)
>
> Form und Funktion
> (Zelle, Skelett, Anpassung)
>
> Humanbiologie
> (Gesundheit, Hygiene, Ernährung)
>
> Physiologische Veränderungen
> (Hormone, Elektrolyse, Neurone)
>
> Artenvielfalt
> (Arten, Genpool, Evolution)
>
> Genetische Steuerung
> (Dominanz, Vererbung)
>
> Ökosysteme
> (Nahrungsketten, Nachhaltigkeit)
>
> Die Erde und ihre Stellung im Universum
> (Sonnensystem, diurnale und saisonale Veränderungen)
>
> Geologische Veränderungen
> (Kontinentaldrift, Verwitterung)

Abbildung 3.1 Wichtige naturwissenschaftliche Themen (mit Beispielen für zugeordnete Konzepte) für die Messung naturwissenschaftlicher Grundbildung

Bei der Auswahl der Situationen spielen die allgemeinen Ziele der PISA-Studie eine zentrale Rolle. Um diejenigen Fähigkeiten der Schüler zu erfassen, mit denen sie in ihrem weiteren Leben etwas anfangen können, dürfen auch die Kontexte der Testaufgaben nicht nur auf die Schulsituation, das Labor oder das Klassenzimmer beschränkt sein. Bei der Konstruktion der PISA-Aufgaben wurden weitgehend Anwendungssituationen verwendet, die dem Alltagsleben entnommen worden sind. Sie decken Bereiche ab, die die Schüler als Individuum (z.B. Nahrungsmittel- und Energieverbrauch), als Mitglied einer lokalen Gemeinschaft (z.B. Trinkwasseraufbereitung oder Standortsuche für ein Kraftwerk) oder als Bürger der Welt betreffen (z.B. globale Erwärmung, Abnahme der Artenvielfalt) und folglich eine persönliche, lokale oder globale Bedeutung haben. Dabei wurde so vorgegangen, dass aktuelle Berichte aus Zeitungen, Zeitschriften usw. gesammelt und daraus Aufgaben entwickelt wurden. Wenn zur Zeit der Aufgabenkonstruktion gerade über den Unfall eines Atomkraftwerks berichtet worden wäre, hätte man Informationen über diesen Unfall für eine Aufgabe verwenden können.

Auch Geschlechterunterschiede wurden bei der Aufgabenkonstruktion bedacht und Situationen so ausgewählt, dass sie sowohl Jungen als auch Mädchen ansprechen oder sich die Aufgaben auf die geschlechterspezifischen Interessengebiete gleichmäßig verteilen. Anwendungssituationen, die vorwiegend Jungen faszinieren (Raumfahrt, Autos usw.), sollten dann in einem ausgewogenen Verhältnis zu Themen stehen, die Mädchen sehr viel stärker interessieren (z.B. Gesundheit).

Um kein Land zu benachteiligen, wurden die Aufgaben unter Berücksichtigung der Lebenskontexte und der Interessen von Schülern aller Teilnehmerländer zusammengestellt. Sensibilität für kulturelle Unterschiede hat nicht nur wegen der Validität der Messung eine hohe Priorität, sondern auch aus Rücksicht auf die unterschiedlichen Wertvorstellungen und Traditionen der Teilnehmerländer. So sind Aufgaben unangebracht, die Luxuslimousinen zum Thema haben, von denen mexikanische Schüler noch nie etwas gehört oder gesehen haben. Ferner wurde mithilfe von Vorerprobungen sichergestellt, dass die für die Testaufgaben ausgewählten Situationen für alle Teilnehmerländer relevant und geeignet sind.

3.2 Die Entwicklung der PISA-Aufgaben

Die PISA-Rahmenkonzeption wurde unter der Federführung des *Australian Council for Educational Research* (ACER) entwickelt und von internationalen Expertengruppen für jeden Themenbereich spezifiziert. Bereits 1998, also zwei Jahre vor der ersten Erhebung, wurde die Rahmenkonzeption verabschiedet.

Bis Ende 1998 wurde eine große Zahl von PISA-Aufgaben nach den Vorgaben der Rahmenkonzeption entwickelt und von Vertretern der beteiligten Länder beurteilt. Etwa die Hälfte der Aufgaben wurde als geeignet ausgewählt, um in einer Vorerprobung weiterhin auf ihre Tauglichkeit hin überprüft zu werden. Diese Aufgaben wurden nach einem für alle Länder vorgegebenen Verfahren in die jeweiligen Landessprachen übersetzt. Alle Aufgaben lagen zunächst in den beiden offiziellen Sprachen der OECD, Englisch und Französisch, vor und wurden dann unabhängig voneinander in die anderen Landessprachen übersetzt. Anschließend wurden beide Übersetzungen von einer unabhängigen Person integriert. Das Ergebnis wurde von Experten des internationalen PISA-Konsortiums noch einmal auf Korrektheit überprüft.

Im Frühsommer 1999 wurden die Aufgaben im Rahmen eines systematischen Erhebungsdesigns erprobt, das heißt, sie wurden von mehreren hundert Schülern in jedem Land bearbeitet (so genannter Feldtest). Anhand der Ergebnisse dieses Feldtests wurden die besten 50 Prozent der Aufgaben für die Hauptuntersuchung ausgewählt. Auswahlkriterien waren zum Beispiel, dass diese Aufgaben in allen beteiligten Ländern eine angemessene Schwierigkeit für 15-Jährige aufweisen und sich eindeutig in die Rahmenkonzeption einordnen lassen.

3.3 Kompetenzstufen

Mit der Definition der Kompetenzen in der Rahmenkonzeption wurden von der internationalen Expertengruppe für den Bereich Naturwissenschaften so genannte Kompetenzstufen bestimmt. Mithilfe dieser Kompetenzstufen sollte es eher möglich sein, die Unterschiede zwischen Schülerinnen und Schülern qualitativ zu beschreiben. Den einzelnen Kompetenzstufen wurden typische Testaufgaben zugeordnet, anhand derer sich anschaulich beschreiben lässt, welche kognitiven Leistungen ein Schüler erbringt, der sich auf der betreffenden Kompetenzstufe befindet.

Die Kompetenzstufen reichen von der niedrigsten Stufe I bis hin zur höchsten Kompetenzstufe V. Schüler, die hohe Kompetenzstufen erreichen, sind in der Lage, mit einem differenzierten Verständnis naturwissenschaftliche Untersuchungen oder Begründungen zu analysieren und präzise zu kommunizieren. In den mittleren Bereich der Kompetenzstufen sind solche Schüler einzuordnen, die fähig sind, naturwissenschaftliche Konzepte für Vorhersagen und Erklärungen zu nutzen. Sie analysieren naturwissenschaftliche Untersuchungen nach Details und können beim Schlussfolgern zwischen relevanten und irrelevanten Daten unterscheiden. Schüler, deren Niveau die Kompetenzstufe I oder II erreicht, sind in der Lage, einfaches Faktenwissen (z.B. Ausdrücke, einfache Regeln) wiederzugeben oder unter Verwendung von Alltagswissen Schlussfolgerungen zu ziehen und zu beurteilen. Die Tabelle 3.1 gibt einen Überblick über die kognitiven Leistungen auf jeder Kompetenzstufe. Sie unterscheidet außerdem vier unterschiedliche Prozesse naturwissenschaftlichen Arbeitens, die in der Rahmenkonzeption verankert sind.

3.4 Kognitive Teilkompetenzen

Von den Kompetenzstufen abzugrenzen sind die so genannten „kognitiven Teilkompetenzen". Diese beschreiben ebenfalls bestimmte Leistungen, die bei der Lösung einer Aufgabe zu erbringen sind. Im Gegensatz zu den Kompetenzstufen sind sie jedoch nicht stufenförmig angeordnet, sondern bestimmen unterschiedliche Fähigkeiten, die bei jedem Schüler individuell ausgeprägt sind.

Solche Teilkompetenzen wurden im Rahmen des nationalen Naturwissenschaftstests unterschieden, der von der deutschen Expertengruppe entwickelt und auch nur in Deutschland vorgegeben wurde. Die Funktion dieses nationalen Zusatztests ist es, differenzierte Informationen darüber zu erhalten, aus welchen Komponenten sich die naturwissenschaftliche Kompetenz zusammensetzt und bezogen auf welche Teilkomponenten deutsche Schüler Stärken und Schwächen aufweisen. Aus diesen Ergebnissen können detailliertere Konsequenzen für den naturwissenschaftlichen Unterricht gezogen werden, als es allein aufgrund der internationalen Aufgaben möglich ist.

Die an einer Testaufgabe beteiligten Teilkompetenzen wurden anhand von Aufgabenmerkmalen bestimmt, die bestimmte kognitive Leistungen erforderlich machen. In

Stufen der naturwissenschaftlichen Kompetenz	Verstehen von naturwissenschaftlichen Konzepten	Verständnis der Besonderheiten naturwissenschaftlicher Untersuchungen	Umgehen mit Evidenz	Kommunizieren naturwissenschaftlicher Beschreibungen oder Argumente
Stufe V Konzeptuell und prozedural (Modelle)	Einfache konzeptuelle Modelle entwickeln oder anwenden, um Vorhersagen zu treffen oder Erklärungen zu geben	Naturwissenschaftliche Untersuchungen hinsichtlich Design und getesteter Vermutungen analysieren	Daten als Evidenz benutzen, um alternative Gesichtspunkte oder unterschiedliche Perspektiven zu beurteilen	Naturwissenschaftliche Argumente und/oder Beschreibungen detailliert und präzise kommunizieren
Stufe IV Konzeptuell und prozedural	Elaborierte naturwissenschaftliche Konzepte anwenden, um Vorhersagen zu treffen oder Erklärungen zu geben	Information identifizieren oder formulieren, die man bei einer gegebenen Untersuchung zusätzlich benötigt, um gültige Schlussfolgerungen ziehen zu können	Daten systematisch auf Aussagen über mögliche Schlussfolgerungen beziehen und eine Argumentationskette entwickeln	Einfache naturwissenschaftliche Argumente und/oder Beschreibungen kommunizieren
Stufe III Funktional (naturwissenschaftliches Wissen)	Naturwissenschaftliche Konzepte anwenden, um Vorhersagen zu treffen oder Erklärungen zu geben	Details einer naturwissenschaftlichen Untersuchung identifizieren; Fragen erkennen, die durch eine naturwissenschaftliche Untersuchung beantwortet werden können	Beim Ziehen oder Bewerten von Schlussfolgerungen zwischen relevanten und irrelevanten Daten unterscheiden oder Argumentationsketten auswählen	
Stufe II Funktional (naturwissenschaftliches Alltagswissen)	Naturwissenschaftliches Alltagswissen anwenden, um Vorhersagen zu treffen oder Erklärungen zu geben	Bei Untersuchungen in vereinfachten Zusammenhängen Variablen bestimmen, die man kontrollieren muss; Fragen benennen, die naturwissenschaftlich beantwortet werden können	Schlussfolgerungen unter Verweis auf Daten oder naturwissenschaftliche Information ziehen oder bewerten	
Stufe I Nominell	Einfaches Faktenwissen wiedergeben (z.B. Bezeichnungen, Ausdrücke, Fakten, einfache Regeln)		Schlussfolgerungen auf der Basis von naturwissenschaftlichem Alltagswissen ziehen oder bewerten	

Tabelle 3.1 Kompetenzstufen der naturwissenschaftlichen Grundbildung

einer Aufgabe kommt zum Beispiel eine Graphik vor, deren Bedeutung verstanden werden muss, um die Aufgabe lösen zu können. Eine andere Aufgabe macht eine kleine Rechnung erforderlich, und wieder andere Aufgaben sind rein verbal konstruiert, sodass die Schüler einen langen Text lesen und ihre Antwort in schriftlicher Form geben müssen (siehe Prenzel u.a., 2002).

Dass solche Aufgabenmerkmale mit kognitiven Kompetenzen korrespondieren, beruht auf der Annahme, dass es Jugendliche gibt, die Aufgaben besser lösen, wenn sie in Form von Zahlen präsentiert sind, während andere Schüler vielleicht mit graphischen Darstellungen besser zurechtkommen. Der nationale Zusatztest verwendet also Aufgaben, die aufgrund ihrer äußeren Repräsentationsform unterschiedliche kognitive Anforderungen an die Schüler stellen, die wiederum typisch sind für naturwissenschaftliches Denken, Verstehen und Schlussfolgern. Der folgende Kasten gibt einen Überblick über die im nationalen Test berücksichtigten Aufgabenmerkmale und Teilkompetenzen.

In der Erhebung im Jahr 2003 fragte der nationale Naturwissenschaftstest diese und weitere kognitiven Teilkompetenzen noch systematischer ab.

Kognitive Teilkompetenzen im nationalen Naturwissenschaftstest
Enthält eine Aufgabe eine Graphik oder ein Diagramm, aus denen bestimmte Werte abgelesen werden müssen, um die Aufgabe zu lösen, so wird angenommen, dass die Aufgabe unter anderem die Kompetenz misst, *graphisch repräsentierte Informationen in eine numerische oder verbale Repräsentation zu transformieren.*
Müssen für eine erfolgreiche Aufgabenbearbeitung Begriffe, Bezeichnungen oder spezifische Wissensinhalte aus dem Gedächtnis abgerufen werden, weil sie nicht in der Aufgabe selbst enthalten sind, so wird angenommen, dass damit die Kompetenz erhoben wird, *naturwissenschaftliche Fakten aus dem Gedächtnis abzurufen und anzuwenden.*
Müssen aus verbal gegebenen Informationen die richtigen Schlüsse gezogen werden oder das für die Aufgabenlösung benötigte Wissen abgeleitet werden, so wird angenommen, dass damit die Kompetenz erfasst wird, *aus verbaler Information Schlüsse zu ziehen.*
Ist für die Lösung einer Aufgabe die Nutzung einer räumlichen Vorstellung bzw. eines mentalen Modells über einen naturwissenschaftlichen Sachverhalt notwendig, so erfasst die Aufgabe die Fähigkeit, mit *mentalen Modellen* umzugehen. Ein solches mentales Modell ist zum Beispiel die bildhafte Vorstellung des Stromkreises, die herangezogen wird, um bei einer Schaltskizze zu entscheiden, ob ein Kurzschluss vorliegt oder nicht.
Enthält eine Aufgabe die Anforderung, einen *Sachverhalt zu verbalisieren*, wobei die Verbalisierung meist eine längere Erklärung umfasst, im Extremfall aber auch nur aus einem Wort bestehen kann, so misst diese Aufgabe die Fähigkeit, *Sachverhalte zu verbalisieren.*

3.5 Ein Aufgabenbeispiel

Bei der Aufgabenentwicklung des naturwissenschaftlichen PISA-Tests wurden die bisher erläuterten Strukturierungsprinzipien und -kriterien berücksichtigt. Um konkret zu veranschaulichen, wie naturwissenschaftliche Kompetenz bei PISA 2000 erfasst wurde, wird im Folgenden eine Beispielaufgabe vorgestellt.

Die unten vorgestellte Aufgabe, die aus mehreren Fragen besteht, bezieht sich auf die Forschung des ungarischen Arztes Ignaz Semmelweis über die Ursachen des Kindbettfiebers. Die Lösungen sollen unter Heranziehung der beiden vorgegebenen Texte und des Diagramms erfolgen. Das Aufgabenbeispiel zeigt, wie die verschiedenen Fragen den fünf unterschiedlichen Kompetenzstufen zugeordnet sind. Die Kompetenzstufen I und V werden bei dieser Aufgabe nicht untersucht. Bei der schwierigsten Frage (Frage 1, Kompetenzstufe IV) sollen die Schüler die Daten (Text und Diagramm) miteinander verknüpfen und Gründe nennen, warum Erdbeben als Ursache des Kindbettfiebers unwahrscheinlich sind. Sie müssen in ihrer Lösung darauf hinweisen, dass die Anzahl der Todesfälle auf beiden Stationen gleich hoch sein müsste, wenn Erdbeben die Ursache wären.

Semmelweis' Tagebuch

Text 1
„Juli 1846. Nächste Woche trete ich meine Stelle als ‚Herr Doktor' auf der ersten Station der Entbindungsklinik im Allgemeinen Krankenhaus von Wien an. Ich war entsetzt, als ich vom Prozentsatz der Patienten hörte, die in dieser Klinik sterben. In diesem Monat starben dort sage und schreibe 36 von 208 Müttern, alle an Kindbettfieber. Ein Kind zur Welt zu bringen ist genauso gefährlich wie eine Lungenentzündung ersten Grades."

Diese Zeilen aus dem Tagebuch von Ignaz Semmelweis (1818–1865) illustrieren die verheerenden Auswirkungen des Kindbettfiebers, einer ansteckenden Krankheit, an der viele Frauen nach der Geburt eines Kindes starben. Semmelweis sammelte Daten über die Anzahl der Todesfälle auf Grund von Kindbettfieber in der ersten und zweiten Station des Krankenhauses (siehe Diagramm).

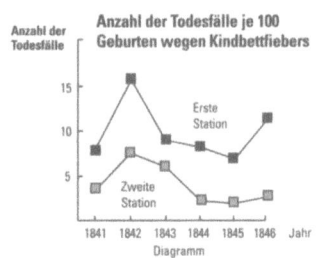

Die Ärzte, darunter auch Semmelweis, tappten in Bezug auf die Ursache des Kindbettfiebers völlig im Dunkeln. Semmelweis schrieb in sein Tagebuch:
„Dezember 1846. Warum sterben so viele Frauen nach einer völlig problemlosen Geburt an diesem Fieber? Seit Jahrhunderten lehrt uns die Wissenschaft, es handle sich um eine unsichtbare Epidemie, die Mütter tötet. Als mögliche Ursachen gelten Veränderungen in der Luft, irgendwelche außerirdischen Einflüsse oder eine Bewegung der Erde selbst, ein Erdbeben."
Heutzutage würde kaum jemand außerirdische Einflüsse oder ein Erdbeben als mögliche Ursachen für Fieber in Erwägung ziehen. Zu Lebzeiten von Semmelweis taten dies allerdings viele, auch Wissenschaftler! Wir wissen heute, dass es etwas mit hygienischen Bedingungen zu tun hat. Semmelweis wusste jedoch, dass außerirdische Einflüsse oder ein Erdbeben als Ursache für Fieber eher unwahrscheinlich waren. Er machte auf die Daten, die er gesammelt hatte, aufmerksam (siehe Diagramm) und versuchte damit seine Kollegen zu überzeugen.

Frage 1: (Kompetenzstufe IV)
Nimm an, du wärst Semmelweis. Nenne einen Grund dafür (ausgehend von den Daten, die Semmelweis gesammelt hat), dass Erdbeben als Ursache für Kindbettfieber unwahrscheinlich sind.

....

Semmelweis' Tagebuch

Text 2
Zur Forschung in den Krankenhäusern gehörte das Sezieren. Der Körper einer verstorbenen Person wurde aufgeschnitten, um eine Todesursache zu finden. Semmelweis schrieb, dass auf der ersten Station tätige Studenten üblicherweise am Sezieren von Frauen teilnahmen, die am Vortag gestorben waren. Direkt anschließend untersuchten sie Frauen, die gerade ein Kind geboren hatten. Sie achteten nicht besonders darauf, sich nach dem Sezieren zu waschen. Manche waren sogar stolz darauf, dass man roch, dass sie vorher in der Leichenhalle gearbeitet hatten, weil man daran ihren Fleiß erkennen konnte!
Ein Freund von Semmelweis starb, nachdem er sich beim Sezieren geschnitten hatte. Beim Sezieren seines Leichnams zeigte sich, dass er dieselben Symptome aufwies wie Mütter, die an Kindbettfieber gestorben waren. Dadurch bekam Semmelweis eine neue Idee.

Frage 2: (Kompetenzstufe II)
Semmelweis' neue Idee hängt mit dem hohen Prozentsatz verstorbener Frauen auf den Entbindungsstationen und dem Verhalten der Studenten zusammen.
Was war seine Idee?

A Wenn man die Studenten veranlasst, sich nach dem Sezieren zu waschen, sollten weniger Fälle von Kindbettfieber auftreten.

B Die Studenten sollten nicht beim Sezieren mitwirken, weil sie sich schneiden könnten.

C Die Studenten riechen übel, weil sie sich nach dem Sezieren nicht waschen.

D Die Studenten wollen ihren Fleiß unter Beweis stellen und sind deshalb beim Untersuchen der Frauen unachtsam.

Frage 3: (Kompetenzstufe II)
Semmelweis' Versuche, die Anzahl der Todesfälle auf Grund von Kindbettfieber zu senken, zeigten Erfolg. Aber selbst heute bleibt Kindbettfieber eine Krankheit, die sich schwer bekämpfen lässt. Schwer zu heilende Arten von Fieber sind in den Krankenhäusern immer noch ein Problem. Zahlreiche Routinemaßnahmen dienen dazu, das Problem unter Kontrolle zu halten. Zu diesen Maßnahmen zählt das Waschen der Bettwäsche bei hoher Temperatur.
Erkläre, warum eine hohe Temperatur (beim Waschen der Bettwäsche) dazu beiträgt, das Risiko, dass Patienten Fieber bekommen, zu senken.

....

Frage 4: (Kompetenzstufe III)
Viele Krankheiten können durch den Einsatz von Antibiotika geheilt werden. In den letzten Jahren hat jedoch die Wirksamkeit einiger Antibiotika gegen Kindbettfieber nachgelassen.
Worauf ist das zurückzuführen?

A Nach ihrer Herstellung verlieren Antibiotika allmählich ihre Wirksamkeit.

B Bakterien werden gegen Antibiotika widerstandsfähig.

C Diese Antibiotika sind nur gegen Kindbettfieber, nicht jedoch gegen andere Krankheiten wirksam.

D Der Bedarf an diesen Antibiotika hat nachgelassen, weil sich die Bedingungen im Gesundheitswesen in den letzten Jahren beträchtlich verbessert haben.

Abbildung 3.2 Aufgabenbeispiel aus dem internationalen Naturwissenschaftstest mit Zuordnung der Aufgaben zu den Kompetenzstufen

Als Lösung zur zweiten Frage (Kompetenzstufe II) sollen die Schüler angeben, welche Idee von Semmelweis am besten geeignet ist, um das Kindbettfieber zu reduzieren. Hier geht es darum, dass die Schüler die Untersuchungsidee von Semmelweis rekonstruieren. Frage 3 ist ebenfalls auf der Kompetenzstufe II angesiedelt und verlangt von den Schülern das Heranziehen des naturwissenschaftlichen Alltagswissens, dass Hitze

Bakterien töten kann. Die vierte Frage fordert eine Anwendung von Wissen, die über das historische Beispiel hinaus geht (Kompetenzstufe III): Die Schüler sollen darlegen, warum Antibiotika mit der Zeit ihre Wirkung verlieren. Um richtig argumentieren zu können, müssen die Schüler wissen, dass der häufige und verbreitete Einsatz von Antibiotika zur Entwicklung resistenter Bakterien führen kann.

3.6 Unterschiede zwischen dem PISA-Test und Klassenarbeiten

Typische schulische Klassenarbeiten und der PISA-Test sind trotz ihrer ähnlichen Absicht, nämlich Leistungen von Schülern abzufragen, in ihrer Grundidee sehr unterschiedlich. Eine Klassenarbeit erfasst typischerweise das, was die Schüler im Unterricht gelernt haben. In der Regel schließt die Klassenarbeit ein bestimmtes Unterrichtsthema ab und dient der Notengebung und Lernzielkontrolle. Die Schüler kennen die Themengebiete, die in Klassenarbeiten abgefragt werden, sie haben sich mehrere Wochen damit beschäftigt. Der Lehrer weiß genau, was die Schüler gelernt haben sollten, und überprüft ihr Wissen anhand von kleineren Tests oder Klassenarbeiten.

Im Unterschied dazu geht mit PISA eine andere Art der Kompetenzabfrage einher: Die Themen im PISA-Test sind nicht unbedingt kurz zuvor im Unterricht behandelt worden, wenngleich die Mehrheit der Themen den meisten Schülern aus dem Unterricht bekannt sein dürfte. Die PISA-Aufgaben sind nicht konzipiert, um Gelerntes abzufragen. Sie bilden oft in sich eine kleine Unterrichtseinheit – zu Anfang gibt es häufig eine kleine Instruktionsphase und anschließend wird geprüft, welche Schlüsse die Schüler daraus ziehen. Die Aufgaben im PISA-Test entsprechen damit dem Bildungsverständnis der OECD: Nicht punktuelles Wissen, das gezielt für die Prüfungssituation gelernt wurde, wird abgefragt, sondern übergreifende Kompetenzen, die auch in neuen Zusammenhängen angewendet werden sollen.

Kritiker von internationalen Schulleistungsstudien bringen gelegentlich das Argument vor, deutsche Schüler würden sich bei derartigen Studien zu wenig anstrengen. Und zwar auch aus dem Grund, weil die Schüler, anders als bei Klassenarbeiten, nicht mit persönlichen Konsequenzen – zum Beispiel durch eine Note – rechnen müssen. Infolgedessen würden die Schulleistungen in Deutschland im Vergleich zu anderen Ländern, in denen Schüler stärker leistungsmotiviert seien, systematisch schlechter ausfallen. Empirische Belege für diese Vermutungen gibt es bislang nicht.

Um jedoch genauer zu untersuchen, welche Effekte unterschiedliche Anreize auf Testmotivation und Testleistung von Schülern haben, wurde während der Vorbereitung von PISA in Deutschland eine experimentelle Zusatzuntersuchung durchgeführt. Dabei bearbeiteten die Schüler einen Teil der Mathematikaufgaben aus PISA entweder unter den Standard-PISA-Instruktionen oder ihnen wurde eine von vier Konsequenzen genannt, die sie erwarten würden: Bei einer ersten Gruppe von Schülern wurde die hohe internationale Bedeutung des Tests betont und gesagt, dass es Ziel sei, anhand der Daten den Unterricht zu verbessern. Diese Testinstruktion betont also den kollektiven, nicht den individuellen Informationswert der Studie. Einer zweiten Gruppe von Jugendlichen wurde erklärt, dass sie an einer Leistungsuntersuchung teilnehmen und im Anschluss eine individuelle Rückmeldung erhalten würden. Unter dieser Bedingung bestand der Wert der Untersuchungsteilnahme in einer Information über die eigene Leistungsfähigkeit. Die dritte Gruppe von Schülern sollte davon ausgehen, dass der Test eine Klassenarbeit ersetzt und in die Gesamtnote des Fachs mit eingeht. Auch unter dieser Bedingung erhalten die Schüler Informationen über ihren Leistungsstand, die jedoch im Fall schlechter Noten mit negativen Folgen verbunden sind. Unter der vierten Versuchsbedingung wurde den Untersuchungsteilnehmern eine Belohnung von 10 DM versprochen, wenn sie mehr Aufgaben lösen, als aufgrund ihrer derzeitigen Mathematiknote zu erwarten sei. Unter dieser Instruktion war also eine materielle Belohnung an die individuelle Leistung gebunden (vgl. Baumert, Stanat, & Demmrich, 2001).

Insgesamt lassen sich die Ergebnisse des Zusatztests folgendermaßen zusammenfassen: Schüler, die annehmen, dass sie an einer internationalen Schulleistungsstudie teilnehmen, unterscheiden sich in Motivation und Leistung nicht von Schülern, bei denen der Test wie eine Klassenarbeit benotet wird oder für individuelle Leistungsrückmeldungen herangezogen wird. Auch finanzielle Belohnungen tragen nicht zu einer Erhöhung der Testleistungen bei. Tendenziell erbrachten Schüler, die glaubten, an der PISA-Studie teilzunehmen, sogar bessere Leistungen als diejenigen, deren Testergebnisse benotet werden sollten. Der Anreiz, an einer internationalen Bildungsstudie teilzunehmen, scheint zu keiner geringeren Motivation und Leistung zu führen als bei „normalen" Klassenarbeiten oder anderen Anreizen. Damit widersprechen die Ergebnisse der Zusatzstudie der Vermutung, dass deutsche Schüler geringere Leistungen zeigen, weil sie sich in internationalen Schulleistungsstudien zu wenig anstrengen.

Anmerkung

[1] Zur Erhebung und Auswertung der Daten siehe Kapitel 4 dieser Veröffentlichung.

4 Wie wurden die Daten erhoben und ausgewertet?

Nachdem in Kapitel 3 dargelegt wurde, wie die PISA-Tests und insbesondere die Aufgaben für die Naturwissenschaften entstanden sind, beschreibt dieses Kapitel, wie in PISA die Daten erhoben und ausgewertet wurden. Dabei gehen wir auf die Ziehung der Stichprobe ein, auf Anlage und Durchführung der Untersuchung, auf die Auswertung der Daten und die Art der Ergebnisdarstellung.

4.1 Die Population und die Stichprobe

Die Planung einer empirischen Untersuchung beginnt in der Regel mit der Definition einer so genannten Population oder Grundgesamtheit, über die man etwas aussagen möchte. In der PISA-Studie hat man sich für eine Population entschieden, die auf dem Lebensalter der Schüler basiert: Es werden Jugendliche untersucht, die zu Beginn des Testzeitraums zwischen 15 Jahren und drei Monaten und 16 Jahren und zwei Monaten alt sind. Das schließt Schüler aus allen Jahrgangsstufen und Schulformen mit ein, zum Beispiel auch berufsbildende Schulen und Sonderschulen. Die Wahl fiel auf 15-Jährige, da diese Altersgruppe in allen OECD-Staaten in der Regel noch eine Schule besucht und sich die Schüler am Ende ihrer Pflichtschulzeit befinden. Für diese Altersgruppe können die beteiligten Länder also noch miteinander verglichen werden.

Um zuverlässige Aussagen über die ganze Population machen zu können, muss eine *repräsentative* Stichprobe gezogen werden, die die Population in all ihren Facetten widerspiegelt. Die Stichprobenziehung für PISA 2000 erfolgte in den Teilnehmerstaaten nach detaillierten Vorgaben der internationalen Projektleitung. In einem ersten Schritt wurden per Zufallsverfahren 220 Schulen ausgewählt, die von 15- bis 16-jährigen Schülern besucht werden. Anschließend wurde in diesen Schulen jeweils eine Zufallsstichprobe von 25 Schülern gemäß der Altersdefinition gezogen. Zusätzlich wurden in Deutschland neben den 15-Jährigen auch 9. Klassen untersucht. Dazu wurden neben der Ziehung von 15-Jährigen auch Schüler aus 9. Klassen gezogen, die nicht zur Gruppe der 15-Jährigen gehören.

Von den an PISA teilnehmenden Ländern wird erwartet, dass sie die festgelegte Zielpopulation von 15- bis 16-jährigen Schülern möglichst weit ausschöpfen. Beispielsweise ist es nicht gestattet, Sonderschüler aus der Population von vornherein auszuschließen. Innerhalb von Schulen dürfen einzelne Schüler ausgeschlossen werden, die zum Beispiel weniger als ein Jahr die Testsprache sprechen oder aus anderen akzeptierten Gründen nicht am Test teilnehmen, jedoch dürfen auf diese Weise nicht mehr als 2,5 Prozent der Zielpopulation ausgenommen werden. Auch einzelne Schulen dürfen aus der Liste aller Schulen fortgelassen werden, zum Beispiel geographisch sehr schwer erreichbare Schulen. Auch hiermit dürfen nicht mehr als 2,5 Prozent der Schülerschaft vom Test ausgeschlossen werden. Nachdem die Liste der teilnehmenden Schulen bestimmt wurde und in diesen Schulen die zu testenden Schüler per Zufall gezogen wurden, müssen mindestens 80 Prozent der Schulen sich zur Teilnahme bereit erklären, und insgesamt müssen 80 Prozent der Schülerschaft zum Test erscheinen, damit die Ergebnisse als repräsentativ für ein Land gelten können. Insgesamt erreichen viele Länder, die an PISA teilnehmen, sehr hohe Ausschöpfungsquoten; in Deutschland betrug die Teilnahmerate auf Schulebene im Jahr 2000 95 Prozent und auf Schülerebene 86 Prozent (für detaillierte Informationen siehe Adams & Wu, 2002, Kap. 4; Baumert, Stanat, & Demmrich, 2001).

Weltweit nahmen im Frühsommer 2000 rund 180.000 Schüler aus 32 Staaten an der PISA-Studie teil. In Deutschland wurden gut 5.000 Jugendliche für den internationalen Vergleich getestet – die PISA-I-Stichprobe. Für die Untersuchungen im Rahmen des Vergleichs der Länder der Bundesrepublik – PISA-E – wurde darüber hinaus eine sehr viel größere Stichprobe von Schülern getestet, sodass in Deutschland insgesamt etwa 48.000 Schüler aus 1.479 Schulen an PISA teilgenommen haben. Die beiden Stichproben überlappen sich; die internationale Stichprobe aus 220 Schulen (PISA-I) ist gleichzeitig Bestandteil der Stichprobe für den Ländervergleich PISA-E, was Abbildung 4.1 verdeutlicht.

Die für PISA in Deutschland ausgewählten Schulen wurden von den zuständigen Ministerien um ihre Mitarbeit gebeten, und alle ausgewählten Schulen erklärten sich bereit teilzunehmen. Die Durchführung der Erhebungen in Deutschland lag in unterschiedlichen Händen: Die Vorbereitung der Erhebungen mit dem Druck der Testhefte, notwendiger Logistik und der Dateneingabe oblag dem *IEA Data Processing Center* (DPC) in Hamburg. Die Koordination der Testleiter für die 220 Schulen der PISA-I-Stichprobe übernahm ebenfalls das DPC; die Koordination der Testleiter für die 1.259 zusätzlichen Schulen der PISA-E-Stichprobe lag in den Händen der Bundesländer.

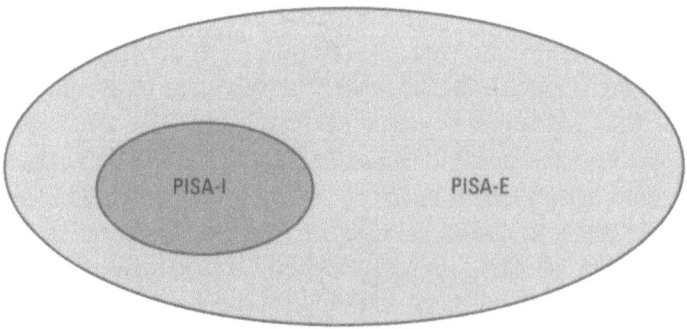

Abbildung 4.1   Die Stichproben zu PISA-I und PISA-E

Die Durchführung der Tests an den Schulen wurde vom internationalen PISA-Konsortium genau festgelegt: Die Testleiter halten sich an einen detaillierten Ablaufplan mit vorgegebenem Anleitungstext und haben genaue Vorgaben zur Organisation der Testsitzung und für den Fall von Störungen. An jeder Schule gab es einen Schulkoordinator, der mit einer ausführlichen Anleitung und in Zusammenarbeit mit dem DPC die Testsitzungen in der Schule vorbereitet. Die Tests für die PISA-Hauptuntersuchung fanden im Mai 2000 an zwei Testtagen in jeder Schule statt. Die Testsitzungen dauerten jeweils etwas über drei Stunden und wurden im Beisein des Schulkoordinators oder eines anderen Lehrers der Schule durchgeführt.

4.2 Das Testdesign

Am ersten Testtag bearbeiten die Teilnehmer den internationalen Leistungstest in den Disziplinen Lesen, Mathematik und Naturwissenschaften. Außerdem bearbeiten sie einen Fragebogen zu Lernen und Leben in ihren Familien, Freizeitverhalten, Lernstrategien, Computerwissen und zu ihrer Schule. Die Schulleiter wurden ebenfalls gebeten, einen Fragebogen zu ihrer Schule auszufüllen, der die institutionellen Rahmenbedingungen und Aktivitäten von Lehrern und der Schulleitung erfragt. In Deutschland wurde der internationale Schulleiterfragebogen durch einen zusätzlichen nationalen Fragebogen ergänzt. Darüber hinaus wurden die Eltern der untersuchten Schüler gebeten, einen Fragebogen zu beantworten und den Schülern am zweiten Testtag wieder mit in die Schule zu geben. Am zweiten Testtag bearbeiteten die Schüler zusätzliche Tests, die vom deutschen PISA-Konsortium zusammengestellt wurden. Darin ging es um eine Vertiefung der Kompetenzmessung im Bereich Lesen, Mathematik und Naturwissenschaften mittels zusätzlicher Testinstrumente sowie um den neuen Bereich Problemlösen.

Ein Anliegen von PISA ist es, möglichst genaue Aussagen über die Ergebnisse der am Vergleich beteiligten Bildungssysteme zu erhalten. Es sollen also möglichst präzise Aussagen über Schulen gemacht werden. Dabei sollen die drei Kompetenzbereiche – Lesen, Mathematik und Naturwissenschaften – in großer Breite, also durch viele Testaufgaben, abgebildet werden. Gleichzeitig sollen die Testpersonen nicht überfordert werden. Insofern steht das Interesse von PISA, die Kompetenzen umfassend über eine möglichst breit gestreute Auswahl von Aufgaben zu erheben, im Konflikt zu der beschränkten Stichprobe und limitierten Testzeit.

Da es nicht so sehr auf die Erfassung der Kompetenzen einzelner Schüler ankommt, sondern auf die Ergebnisse für jeweils eine Schule, wird die Menge an Testaufgaben auf mehrere Schüler verteilt, sodass jeder Schüler eine zumutbare Anzahl von Aufgaben zu bearbeiten hat. Die Bearbeitung des vollständigen Lesetests aus PISA 2000 nimmt etwa fünf Stunden in Anspruch. Rechnet man die Aufgaben aus den anderen Leistungsbereichen Mathematik und Naturwissenschaften hinzu, ergeben sich etwa sieben Stunden Bearbeitungszeit. Durch die Verteilung der Aufgaben auf unterschiedliche Testhefte hat jeder Schüler tatsächlich nur zwei Stunden Aufgaben zu bearbeiten (zur Testzeit für die naturwissenschaftlichen Aufgaben: siehe unten).

Dieses Verfahren wird auch als *Multi-Matrix Sampling* bezeichnet und durch die systematisch-selektive Zuweisung von Aufgaben zu unterschiedlichen Testheften realisiert. Die Testhefte werden innerhalb der Zielgruppe nach Zufall den Schülern zur Bearbeitung vorgelegt, wobei in jeder Schule alle Testhefte verwendet werden. Bei PISA 2000 wurden die Aufgaben auf neun Testhefte verteilt, wovon jeder Schüler eins bearbeitet. Zwischen den neun Testheften gibt es einige Überlappungen der Aufgaben: Einen Teil der Aufgaben aus Testheft 1 findet man in Testheft 2 wieder, einen Teil der Aufgaben aus Testheft 2 in Testheft 3 usw. So sind alle Testhefte miteinander verbunden. Damit ist es möglich, die Schwierigkeiten aller Aufgaben aus den neun verschiedenen Testheften miteinander zu vergleichen.

Die Abbildung 4.2 verdeutlicht das Testdesign in PISA 2000 und macht zudem klar, wie die verschiedenen Kompetenzbereiche auf die neun Testhefte verteilt sind. Die Hauptkomponente Lesen wurde von allen Schülern bearbeitet, die Nebenkomponenten Mathematik und Naturwissenschaften werden jeweils in fünf der neun Testhefte vorgegeben. Die meisten Schüler bearbeiteten also entweder mathematische oder naturwissenschaftliche Aufgaben. In der Untersuchung im Jahre 2003 ist Mathematik die Hauptkomponente, 2006 werden Naturwissenschaften den Schwerpunkt bilden.

Der internationale Naturwissenschaftstest aus PISA 2000 erfordert etwa 60 Minuten Bearbeitungszeit, wobei nur fünf von neun Schülern jeweils 30 Minuten lang einen Teil der Naturwissenschaftsaufgaben bearbeitet haben. Insgesamt umfasst der Testteil zu den Naturwissenschaften 13 verschiedene Themen, zu denen 35 Aufgaben gestellt werden.

Testhefte								
1	2	3	4	5	6	7	8	9
R_1	R_2	R_3	R_4	R_5	R_6	R_7	M_4/M_2	S_4/S_2
R_2	R_3	R_4	R_5	R_6	R_7	R_1	S_1/S_3	M_1/M_3
Pause								
R_4	R_5	R_6	R_7	R_1	R_2	R_3	R_8	R_9
M_1/M_2	S_1/S_2	M_3/M_4	S_3/S_4	M_2/M_3	S_2/S_3	R_8	R_9	R_8
Pause								
Lesegeschwindigkeit								
Internationaler Schülerfragebogen								
Selbstreguliertes Lernen								
Computererfahrung								

R = Blöcke mit Leseaufgaben
M = Blöcke mit Mathematikaufgaben
S = Blöcke mit naturwissenschaftlichen Aufgaben

Abbildung 4.2 In Deutschland implementiertes Testdesign (erster Testtag)

4.3 Auswertung der Daten

Bei der Auswertung der Testdaten scheint es auf den ersten Blick am einfachsten zu sein, die Zahl der richtig gelösten Aufgaben als Maß für die Kompetenz eines Schülers zu verwenden. Dieses Verfahren ist zur Auswertung der PISA-Daten allerdings nicht geeignet, da aufgrund des *Multi-Matrix Design* die Schüler unterschiedliche Testhefte mit unterschiedlichen Aufgaben bearbeitet haben. Da sich die Aufgaben in ihren Schwierigkeiten unterscheiden, wäre eine einfache Auswertung anhand der Zahl der richtigen Lösungen vielen Schülern gegenüber unfair. Wer zufällig ein Testheft mit schwereren Aufgaben erhalten hat, hat natürlich weniger richtige Lösungen als ein Schüler mit etwas leichteren Aufgaben. Die Schwierigkeit einer Aufgabe muss also berücksichtigt werden.

In der so genannten *Item-Response*-Theorie (IRT) stehen zur Testauswertung elaborierte Verfahren zur Verfügung, die einen Zusammenhang zwischen Personenfähigkeiten, Aufgabenschwierigkeiten und Lösungswahrscheinlichkeiten herstellen. Mit diesen Verfahren lassen sich mathematisch fundierte Messwerte für die Personenfähigkeiten bestimmen, mit denen in PISA gearbeitet wird.

Genauer gesagt wird in den PISA-Studien das so genannte Raschmodell verwendet. Es ist das einfachste Modell in der *Item-Response*-Theorie und zugleich dasjenige, das der üblichen Auswertung über die (ungewichtete) Summe der Aufgabenlösungen am nächsten kommt. In den komplexeren IRT-Modellen, die besonders in den Vereinigten Staaten auch oft für pädagogische Leistungsmessung herangezogen werden, wird der Personenmesswert über die *gewichtete* Summe der Aufgabenlösungen berechnet. Der Gewichtungsfaktor ist bei jeder Aufgabe deren Trennschärfe. Diese Trennschärfen sind zunächst unbekannt und müssen erst einmal geschätzt werden.

Wenn in den PISA-Studien das Raschmodell und nicht das so genannte zweiparametrische logistische Modell verwendet wird, so beruht das also auf der Annahme, dass alle Aufgaben die naturwissenschaftliche Kompetenz gleich gut repräsentieren, lediglich mit einer unterschiedlichen Schwierigkeit. Die Personenmesswerte, die das Raschmodell liefert, entsprechen also nahezu den gewohnten „Anzahlen gelöster Aufgaben", nur dass diese Messwerte auch im Rahmen von *Multi-Matrix Designs* berechnet und zwischen den unterschiedlichen Testheften verglichen werden können (siehe dazu Artelt, Demmrich, & Baumert, 2001, S. 76–78; Rost, 2004).

Bei der Berechnung der Leistungsmesswerte für jeden Schüler liegen natürlich genau die Aufgaben zu Grunde, die von dem betreffenden Schüler bearbeitet wurden. Weiterhin wird die Schwierigkeit der bearbeiteten Aufgaben berücksichtigt, sodass die Ergebnisse auch zwischen Schülern vergleichbar sind, die tatsächlich unterschiedliche Testhefte bearbeitet haben. Die Leistungswerte werden für jede der drei Disziplinen, Lesen, Mathematik und Naturwissenschaften, getrennt berechnet. Die Lesekompetenz wurde darüber hinaus noch in drei Bereiche eingeteilt, für die separate Kompetenzwerte vorliegen.

Die Personenmesswerte, die das Raschmodell liefert, liegen auf einer Skala, deren Nullpunkt diejenige Personenfähigkeit ausdrückt, für die alle bearbeiteten Aufgaben im

Mittelwert eine Lösungswahrscheinlichkeit von 50 Prozent haben. Auch die Einheit dieser Skala hat eine wohldefinierte Bedeutung. Man nennt diese Skala die Logitskala.

Für den Vergleich von Leistungsmittelwerten zwischen den Staaten ist es jedoch hilfreich, wenn man eine Skala benutzt, deren Mittelwert auf eine bestimmte Zahl fixiert und deren Einheit über die Streuung der Messwerte in der Gesamtpopulation definiert ist. In den PISA-Studien wird die Skala so gewählt, dass der Mittelwert aller OECD-Länder auf dem Wert 500 liegt. Die Standardabweichung aller Messwerte in den OECD-Ländern wird auf 100 Einheiten festgelegt. Damit ist es möglich, für jedes Land oder auch für ausgewählte Gruppen aus einem Land (z.B. Hauptschüler in Deutschland) den Mittelwert mit der OECD oder anderen Ländern oder Gruppen zu vergleichen.

Um eine Vorstellung von der Bedeutung von Mittelwertunterschieden zu bekommen, ist eine solche Standardskala sehr hilfreich. Vorausgesetzt die beiden Stichproben, deren Mittelwerte miteinander verglichen werden sollen, sind annähernd normalverteilt, lassen sich Prozentanteile der Personenpopulation berechnen, die zwischen den beiden Mittelwerten liegen. Abbildung 4.3 gibt einen Überblick über einige markante Punkte der Verteilung einer Skala mit Mittelwert 500 und Standardabweichung 100.

Hat zum Beispiel ein Land den Mittelwert 400, so liegen etwa 16 Prozent aller Schüler der Gesamtpopulation noch unter diesem Mittelwert. Die genauen Prozentwerte, die unter- oder oberhalb eines bestimmten Skalenwerts liegen, kann man in so genannten Z-Werte-Tabellen ablesen. In den Ergebniskapiteln der PISA-Berichte werden Verteilungen mit so genannten Perzentilbändern berichtet. Diese Art der Darstellung berücksichtigt gleich die Prozentanteile an verschiedenen Stellen der Verteilung mit.

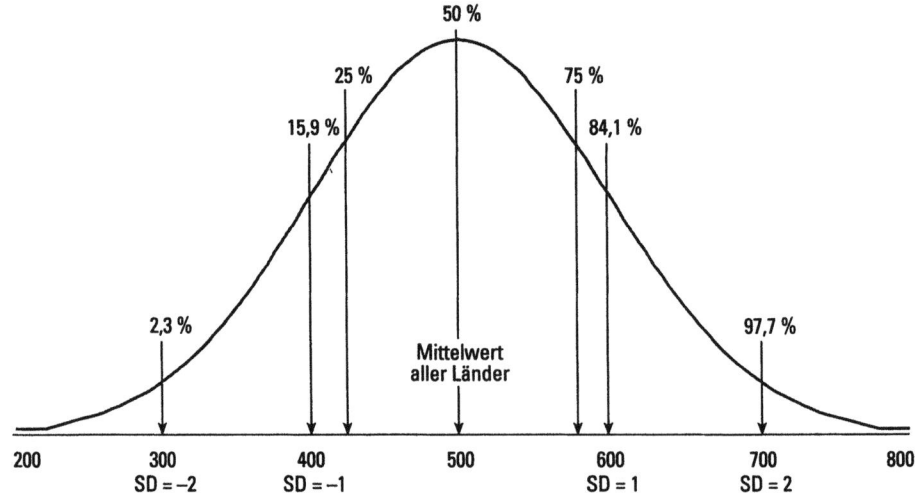

Abbildung 4.3 Verteilung der Kompetenzwerte auf der PISA-Skala unter Annahme einer Normalverteilung

4.4 Wie spiegeln sich Zusammenhänge in Korrelationen wider?

PISA ermittelt nicht nur die Kompetenzen der Schüler, sondern erfragt in einem Fragebogen an die Schüler auch eine Reihe von zusätzlichen Informationen über die soziale Herkunft, den Migrationsstatus, die Schulform oder die Familiengröße. Mit einem Fragebogen an die Schulleiter der untersuchten Schulen werden weitere Informationen über die Schulen erfasst. In den Zusammenhängen der Kompetenzwerte untereinander, aber auch mit diesen nicht leistungsbezogenen Variablen, drücken sich die relevanten Ergebnisse über das jeweilige Bildungssystem aus.

Üblicherweise werden Zusammenhänge als Korrelationen zwischen den errechneten Messwerten mithilfe des so genannten Korrelationskoeffizienten ausgedrückt. Die Werte dieses Korrelationskoeffizienten fallen umso niedriger aus, je größer der Messfehler der beiden Variablen ist, deren Zusammenhang ausgedrückt wird. Da aufgrund des *Multi-Matrix Design* der Messfehler für den einzelnen Schüler relativ groß ist, unterschätzen die Korrelationskoeffizienten die „wahren" Zusammenhänge erheblich. Die unterschiedlichen Messfehleranteile würden zu einem verzerrten Bild der Zusammenhänge führen.

Aus diesem Grund wird in der PISA-Studie ein Verfahren verwendet, die Korrelationen so zu berechnen, als wären die beteiligten Variablen messfehlerfrei. Man nennt diese Korrelationen die „latenten Korrelationen", weil sie nicht anhand der „manifesten" (also nichtlatenten) Messwerte berechnet, sondern als Parameter des statistischen Modells geschätzt werden. Diese latenten Korrelationen fallen nun aber größer aus, als man es von den üblichen Korrelationskoeffizienten her gewöhnt ist. Die Größe dieser „Verzerrungen" ist in Tabelle 4.1 veranschaulicht.

In Tabelle 4.1 ist für vier verschiedene Korrelationskoeffizienten angegeben, wie hoch ihre Werte in Abhängigkeit vom Messfehler ausfallen. Beträgt die „wahre", also messfehlerfreie Korrelation 0,4, so wird bei einer Reliabilität der beiden beteiligten Variablen von 0,8 ein Korrelationskoeffizient von 0,32 und bei einer Reliabilität von nur 0,6 eine Korrelation von 0,24 berechnet. Die Reliabilität eines Tests drückt die Größe des Messfehleranteils aus, das heißt, bei einer Reliabilität von 0,8 sind 20 Prozent der Varianz der Variable messfehlerbedingt, bei einer Reliabilität von 0,6 entsprechend 40 Prozent.

Latente Korrelation	Korrelationskoeffizient bei einer Reliabilität von 0,8	Korrelationskoeffizient bei einer Reliabilität von 0,6
0,4	0,32	0,24
0,6	0,48	0,36
0,8	0,64	0,48
0,9	0,72	0,54

Tabelle 4.1   Latente und dazu korrespondierende messfehlerreduzierte Korrelationen

Bei der Ergebnisdarstellung werden Werte verwendet, die der linken Spalte entsprechen. Wer an die Interpretation von üblichen Korrelationskoeffizienten gewöhnt ist, sollte die Größenordnung dieser Unterschiede berücksichtigen.

4.5 Rangplätze oder Messwerte?

PISA hat sich hinsichtlich der verwendeten Methoden dafür entschieden, die technischen Möglichkeiten der *Item-Response*-Theorie zu nutzen, um zu präzisen und trotzdem einfach zu interpretierenden Messwerten und Ergebnissen zu gelangen. Die Ländermittelwerte, aber auch die Mittelwerte von Untergruppen von Schülern, wie zum Beispiel die weiblichen Hauptschüler eines Bundeslandes, sind recht genau zu berechnen, und ihre Schwankungsbreite ist ebenfalls berechenbar. Damit sind die Mittelwerte der Messwerte auf jeden Fall der eingeschränkten Aussagekraft von Rangplätzen vorzuziehen.

In den Naturwissenschaften hat Deutschland einen Wert von 487 Punkten erreicht, sodass sich die Unterschiede zu anderen Ländern genau beschreiben lassen; der Wert ist um 4 Punkte schlechter als das spanische Ergebnis und um 6 Punkte besser als in Dänemark. Es lässt sich berechnen, wie groß ein Unterschied in den Leistungswerten bei bekanntem Messfehleranteil mindestens sein muss, um als statistisch bedeutsam zu gelten. Dieses Minimum liegt im Fall von PISA bei etwa 10 Punkten. Bei einem Mittelwert, der den OECD-Durchschnitt um mehr als 10 Punkte überschreitet, kann man von einem statistisch relevanten besseren Abschneiden sprechen. Liegt der Mittelwert eines Staates um die kritische Differenz unterhalb des OECD-Werts (etwa 10 Punkte), so schneidet dieser statistisch bedeutsam schlechter ab.

Eine solche Differenzierung ist bei Rangplätzen nicht möglich. Dort würden zum Beispiel Schweden und die Tschechische Republik unterschiedliche Rangplätze erhalten, obwohl sich diese beiden Staaten mit den Mittelwerten von 512 und 511 kaum voneinander unterscheiden. Die Zuordnung von Rangplätzen würde ein falsches Bild der Unterschiede ergeben. In der Berichterstattung zur PISA-Studie wird zwar oft über Rangordnungen gesprochen, wenn etwa gesagt wird, dass Bundesland X höhere Leistungswerte hat als Bundesland Y. Die Bedeutung dieser Aussage ist aber daran zu messen, wie groß der Mittelwertunterschied wirklich ist und wo andere relevante Länder liegen.

5 Die Bedeutung der sozialen und familiären Herkunft für den Kompetenzerwerb und die Schullaufbahn

Schüler kommen aus ganz unterschiedlichen familiären, sozioökonomischen und kulturellen Verhältnissen. Die hierdurch oftmals vielfältig zusammengesetzte Schülerschaft stellt besondere Anforderungen an die Schule, wenn sie den Bedürfnissen aller Schüler gerecht werden will. Im Rahmen der PISA-Studie stellte sich somit international wie auch national die Frage, inwieweit es Schulsystemen gelingt, allen Heranwachsenden gleiche Bildungschancen zu ermöglichen und keinen Schüler aufgrund seiner sozialen, ethnischen oder kulturellen Herkunft auszugrenzen.

In diesem Kapitel wird daher erläutert, in welchem Verhältnis verschiedene Aspekte der sozialen Herkunft zum Kompetenzerwerb und zur Art der Bildungsbeteiligung (d.h. der besuchten Schulform) stehen. Obwohl die Naturwissenschaften gemäß dem Anliegen dieses Buches im Mittelpunkt stehen, werden hierbei auch Befunde zur Lesekompetenz und zur mathematischen Grundbildung berücksichtigt. Neben dem sozioökonomischen Hintergrund wird auch explizit der Migrationshintergrund der Schüler, das heißt der Geburtsort und die im Elternhaus gesprochene Sprache, berücksichtigt. Einerseits wird Migration von einem Land in ein anderes immer mehr zur Normalität, auf der anderen Seite stellt diese Wanderung für die Schulpflichtigen ein enormes Problem dar. Sie stehen häufig einem neuen Umfeld gegenüber, das in vielerlei Hinsicht anders ist oder dessen Unterrichtssprache ihnen fremd ist. Für Deutschland ist der Migrationsstatus der Schülerschaft von besonderer Bedeutung, weil es zu den Staaten gehört, die einen besonders hohen Anteil von Schülern haben, deren Eltern im Ausland geboren sind. Von den an PISA teilnehmenden OECD-Ländern weisen nur die Schweiz, Kanada, Australien und Luxemburg diesbezüglich noch höhere Anteile auf.

5.1 Wie die Maße der sozialen Herkunft in der PISA-Studie bestimmt werden

Bevor auf die Ergebnisse von PISA 2000 hinsichtlich des Zusammenhangs zwischen sozialer Herkunft und schulischen Kompetenzen eingegangen wird, wird zunächst erklärt, wie die soziale Herkunft bei PISA überhaupt bestimmt wird. Die Erforschung sozialer Ungleichheiten ist ein Thema, das die Soziologie seit Jahrzehnten beschäftigt. Im Rahmen dieser wissenschaftlichen Disziplin haben sich Merkmale herauskristallisiert, an denen man soziale Herkunft festmachen kann. Es gibt eine relativ ausgeprägte Tradition, die bestimmte Aspekte zur Bestimmung sozialer Herkunft anführt: Neben dem Einkommen der Menschen stellt zum Beispiel der Beruf ein wichtiges Merkmal dar. In dieser Kategorie wird unter anderem unterschieden, ob die Leute wenig oder viel Gestaltungsräume haben, ob sie viele Untergebene oder viele Vorgesetzte haben oder ob sie selbstständiger oder nichtselbstständiger Arbeit nachgehen. Auch Merkmale der Arbeit selbst werden erfasst: Handelt es sich um Routinetätigkeiten, und inwieweit sind es Tätigkeiten, die kreative oder Problemlösungskompetenzen verlangen? Weitere Kriterien unterscheiden Berufe aufgrund ihrer unterschiedlich wahrgenommenen sozialen Wertigkeit. Hierbei handelt es sich um Fragen des Prestiges oder der Anerkennung eines Berufs, aber auch um den Grad an Macht und Einfluss, den ein Beruf mit sich bringt. Insgesamt ist die Bestimmung sozialer Herkunft ein Konglomerat verschiedener Indikatoren, die in bestimmten Kombinationen und Ausprägungen etwas über die soziale Schicht eines Menschen verraten.

PISA hat die Idee einer geschichteten Gesellschaft aufgegriffen, in der die Bevölkerung aufgrund ihres Berufs, ihres Einflusses, ihres finanziellen Hintergrunds sowie weiterer Merkmale in bestimmte Schichten unterteilt wird. Die soziale Herkunft von Schülern wird üblicherweise anhand der sozioökonomischen Stellung ihrer Familien bestimmt – also mithilfe von Daten zur Position ihrer Eltern, deren Verfügung über finanzielle Mittel, Macht und Prestige. Da Informationen zum Beispiel über Einkommensverhältnisse nicht ohne Weiteres zu ermitteln sind, wird die sozioökonomische Stellung in der Regel über die Berufstätigkeit erfasst, die wiederum Hinweise auf die Stellung in der sozialen Hierarchie geben kann. Seit einiger Zeit werden als zusätzliche oder alternative Aspekte der sozialen Herkunft auch das kulturelle und soziale Kapital der Familien erfasst. Damit sind zum Beispiel die Schulbildung der Eltern oder der Besitz von Kulturgütern wie klassische Literatur gemeint. Im Rahmen der PISA-Studie wurden alle drei Komponenten zur Bestimmung der sozialen Herkunft berücksichtigt. Diese werden im Folgenden näher erläutert. Als Erfassungsinstrument diente ein Schülerfragebogen, der in Deutschland durch einen in der Sprache der Familien abgefassten Elternfragebogen ergänzt wurde.

5.1.1 Indikatoren für die sozioökonomische Stellung der Eltern

Die sozioökonomische Stellung der Familien wird in PISA auf der Grundlage von Angaben zur Berufsausübung der Eltern ermittelt. Um die an PISA beteiligten Länder hinsichtlich dieses Aspektes miteinander vergleichen zu können, orientiert sich die OECD an der international gültigen Klassifizierung von Berufen. Der so genannte *Internationale Sozioökonomische Index,* der auf der Basis von Daten zu Bildung, Beruf und Einkommen von 74.000 Beschäftigten aus 16 Ländern erstellt worden ist, hat sich in Vergleichsuntersuchungen bewährt und wird auch in PISA als Bezugspunkt verwendet.

Mithilfe des internationalen Schülerfragebogens wurde bei PISA der Erwerbstätigkeitsstatus der Eltern erfasst sowie der Beruf, den sie ausüben. Dabei wurden die Schüler gefragt, ob ihre Eltern voll- oder teilzeitbeschäftigt, arbeitslos oder aus anderen Gründen nicht erwerbstätig sind. In dem in Deutschland zusätzlich ausgegebenen Elternfragebogen wurde auch die berufliche Stellung der Eltern erfragt. Zur Absicherung der Qualität der Daten wurden die gleichen Angaben auch von den Eltern erfragt. Ferner wurden die Schüler gebeten, Angaben zu den Wohnverhältnissen und dem Besitz von Gebrauchsgütern mit hohem Anschaffungswert zu machen (z.B. der Besitz von Geschirrspülmaschine, Auto, Computer, Fernseher oder Handy).

5.1.2 Indikatoren für das kulturelle Kapital der Familie

Angaben zum kulturellen Kapital dienten bei PISA der Analyse, inwieweit Schüler mit der in ihrem Aufenthaltsland vorherrschenden Kultur vertraut sind, welche Sprache in der Familie gesprochen wird und wie lange sie bereits in Deutschland leben. Darüber hinaus wurden Angaben über die Schul- und Berufsbildung der Eltern ermittelt. Die Vertrautheit mit der Kultur wurde anhand von Fragen nach dem Besitz von Kulturgütern erfasst, zum Beispiel ob und welche Musikinstrumente gespielt werden, ob es Bücher klassischer Literatur gibt usw. Ebenso wurden kulturelle Aktivitäten erfasst, unter anderem, ob man Theater- und Museumsbesuche unternimmt und wie häufig den Kindern in ihrer Vorschulzeit vorgelesen wurde.

5.1.3 Indikatoren für das soziale Kapital der Familie

PISA ermittelte in diesem Zusammenhang die Anzahl der im Haushalt lebenden Personen und die Anzahl der Geschwister. Anhand dieser Antworten können Leistungen von Schülern verschiedener Familientypen miteinander verglichen werden (z.B. Schüler, die in Ein- oder Zwei-Eltern-Familien leben). Einen zentralen Punkt für das soziale Kapital stellen die familiären Beziehungen dar. Diese beinhalten unter anderem den Erziehungsstil, die Häufigkeit, mit der die Eltern mit ihren Kindern über deren Schulleistungen sprechen, oder gemeinsame Diskussionen über Bücher, politische oder soziale Fragen.

Die Frage der sozialen Herkunft kann also von verschiedenen Ebenen aus betrachtet werden. Ein Vorzug des PISA-Unternehmens ist, dass alle drei Komponenten berücksichtigt wurden, das heißt ein zu enger Blickwinkel vermieden wurde. Im Folgenden wird jedoch aus Übersichtsgründen vornehmlich auf den ersten Indikator, die sozioökonomische Stellung der Eltern anhand der beruflichen Stellung, Bezug genommen. Der internationale Vergleich zeigt überdies für alle drei Indikatoren relativ ähnliche Ergebnisse. Dies lässt vermuten, dass die unterschiedlich gebildeten Komponenten der sozialen Herkunft stark miteinander zusammenhängen.

Der Migrationsstatus ist hingegen vergleichsweise einfach erklärt. Dieser richtet sich danach, ob der jeweilige Schüler bzw. beide Eltern im Erhebungsland (also dort, wo der PISA-Test durchgeführt wurde) geboren oder ob ein oder beide Elternteile in einem anderen Land geboren wurden.

5.2 Soziale Herkunft, Migrationsstatus und Kompetenzerwerb im internationalen Vergleich

Aus internationalen Schulleistungsstudien ist bekannt, dass Zusammenhänge zwischen sozialer Herkunft und Kompetenzerwerb bestehen, diese jedoch von Land zu Land unterschiedlich hoch ausfallen. Dieser Befund wird auch durch die PISA-Daten belegt. Für alle drei untersuchten Kompetenzen – Leseverständnis, naturwissenschaftliche und mathematische Grundbildung – zeigt sich ein Zusammenhang zwischen sozialer Herkunft und der erreichten Leistung. Schüler aus unteren Sozialschichten schneiden im Vergleich zu Jugendlichen aus den oberen sozialen Klassen durchgehend schlechter ab. Stellt man für jedes Land den mittleren Leistungswert der 25 Prozent Schüler mit dem geringsten sozioökonomischen Index dem mittleren Leistungswert der 25 Prozent Schüler mit dem höchsten sozioökonomischen Index gegenüber, werden diese Unterschiede besonders deutlich. Noch augenfälliger ist jedoch der Befund, dass die Leistungsdifferenzen in Abhängigkeit von der Schichtzugehörigkeit über die Länder hinweg außerordentlich unterschiedlich ausfallen. In der unten dargestellten Graphik (Abb. 5.1) sind genau diese Werte für Deutschland und wichtige Vergleichsländer für die Leseleistungen abgetragen[1].

Über alle OECD-Teilnehmerstaaten gemittelt beträgt dieser Unterschied 82 Punkte. Es gibt demnach zahlreiche Länder, bei denen die Leseleistung der 15-Jährigen sehr stark mit der sozialen Herkunft zusammenhängt (z.B. leider auch Deutschland, für das der Unterschied mit 114 Punkten am größten ist), während in anderen Staaten dieser Zu-

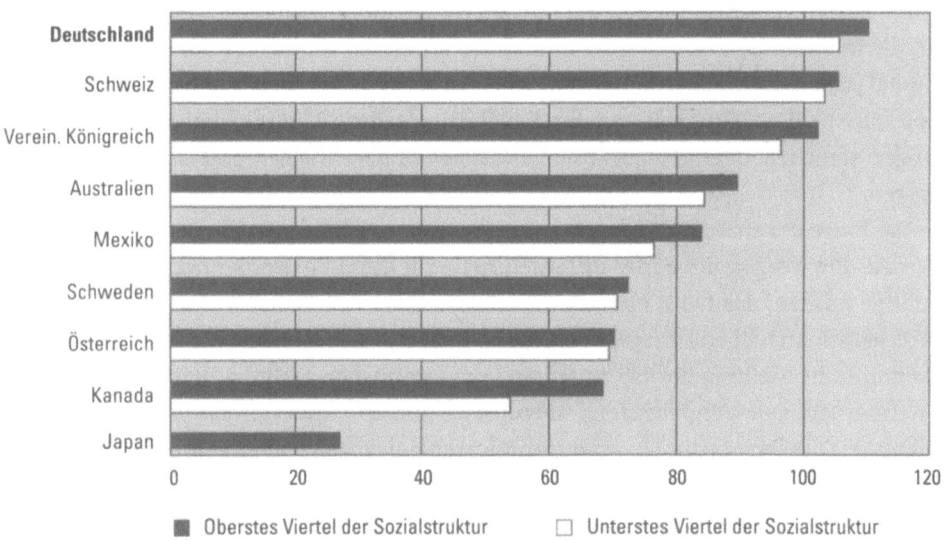

Abbildung 5.1 Unterschied der mittleren Leseleistung von Schülern aus Familien des obersten und untersten Viertels der Sozialstruktur

sammenhang sehr viel schwächer ist. Zu nennen sind hier zum Beispiel Japan mit nur 27 Punkten und Finnland mit 53 Punkten Unterschied. In diesen spielt die soziale Herkunft für den Kompetenzerwerb eine erheblich geringere Rolle. Zwei Aspekte unterstreichen die Bedeutsamkeit des Vergleichs mit gerade diesen beiden Ländern. Zum einen gelingt es den beiden letztgenannten Staaten, soziale Ungleichheiten auf hohem Leistungsniveau zu vermeiden (Japan und Finnland erreichen in allen drei Disziplinen gute bzw. sehr gute Ergebnisse). Zum anderen sind beide Länder in Bezug auf den sozioökonomischen Index, der für diesen Vergleich herangezogen wurde, mit Deutschland vergleichbar. Die Sozialstruktur in Deutschland zeichnet sich also keineswegs durch extremere Unterschiede zwischen den Sozialschichten aus als in diesen beiden Staaten, wie vielleicht vermutet werden könnte. Außer in Deutschland ergeben sich vor allem in Belgien und in der Schweiz ähnlich ausgeprägte soziale Disparitäten, das heißt mit der sozialen Herkunft assoziierte Ungleichheiten.

Die positiv herausgestellten Staatenbeispiele Japan und Finnland ermöglichen eine weitere wichtige Schlussfolgerung: Der Zusammenhang zwischen sozialer Herkunft und Leistung ist keinesfalls deterministisch, also nicht festgelegt: Ein Schüler aus oberen Sozialschichten kann nicht von vornherein besser lesen, weil er in der Regel Eltern hat, die selbst Akademiker sind. Anders herum können auch Jugendliche aus unteren sozialen Schichten exzellente Schulleistungen erreichen.

Die für die Lesekompetenz dargestellten Zusammenhänge mit der sozialen Herkunft lassen sich in nahezu identischer Weise auch auf die Naturwissenschaften und die Mathematik übertragen. Für beide Kompetenzen ergeben sich sehr ähnliche Ergebnisse. Ebenso können dieselben Staaten als Positiv- und Negativbeispiele erwähnt werden.

Da die Naturwissenschaften im Mittelpunkt dieses Bandes stehen, werden weitere Befunde am Beispiel dieser Disziplin erläutert. Sie besitzen für die beiden anderen Kompetenzen aber die gleiche Gültigkeit. In Abbildung 5.2 sind nicht mehr nur die mittleren Leistungswerte für das unterste und oberste Viertel der Sozialstruktur eingetragen, sondern für alle Viertel. Anhand dieser Graphik wird die enorme Bedeutung veranschaulicht, die die Sozialstruktur in Deutschland für den Kompetenzerwerb im Vergleich mit anderen Staaten hat (hier für die Naturwissenschaften angegeben). An der Größe der Leistungsunterschiede zwischen diesen Vierteln kann sehr genau abgelesen werden, dass in Deutschland vor allem die Leistungen in den beiden unteren Vierteln für den starken Zusammenhang zwischen sozialer Herkunft und Leistung verantwortlich sind. So zeigt sich im Vergleich mit dem Durchschnitt aller OECD-Staaten, dass sich für die beiden oberen Viertel der Sozialstruktur so gut wie keine Differenzen ergeben. Für die beiden unteren Viertel sieht man jedoch, dass die deutschen Schüler deutlich geringere Naturwissenschaftsleistungen erbringen als der OECD-Durchschnitt. Vergegenwärtigt man sich zusätzlich, dass Deutschland hinsichtlich des sozioökonomischen Index nur unbedeutend vom OECD-Durchschnitt abweicht (dieser also nicht Urheber für die größere Spannbreite des Leistungsspektrums in Deutschland sein kann), bedeutet dies, dass in Deutschland ein erheblich höherer Zusammenhang zwischen sozialer Herkunft und den naturwissenschaftlichen Leistungen der Schüler besteht als im durchschnittlichen

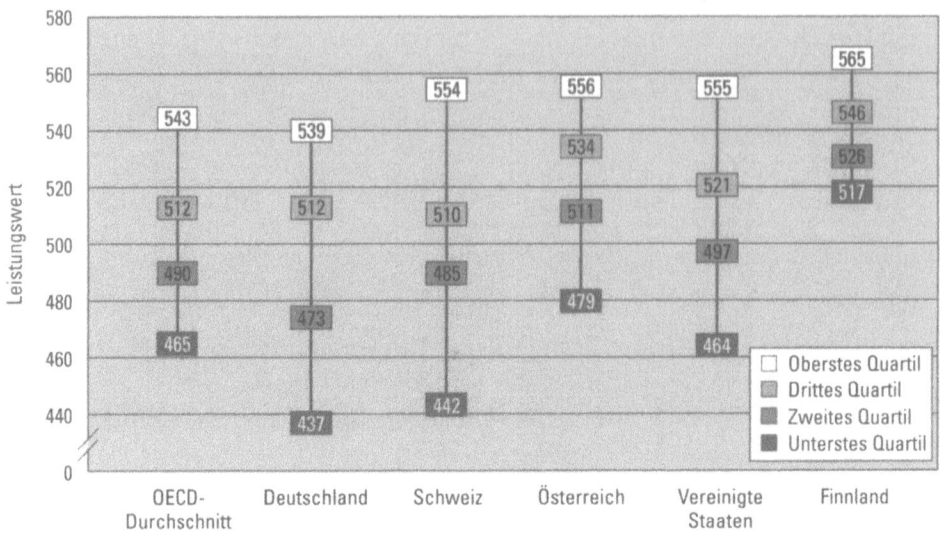

Abbildung 5.2 Leistungswerte in den Naturwissenschaften für die Quartile der Sozialstruktur im OECD-Durchschnitt und für ausgewählte Teilnehmerstaaten

OECD-Land. Der Einfluss der sozialen Herkunft auf die erbrachte Leistung ist hierzulande also deutlich größer als im OECD-Durchschnitt oder in zahlreichen anderen Staaten. Wie die Abbildung 5.2 verdeutlicht, ist das Problem der engen Koppelung zwischen Sozialschicht und Leistung in ganz ähnlicher Weise zum Beispiel in der Schweiz anzutreffen. Dass dieser Zusammenhang nicht notwendigerweise auftreten muss, zeigt das Beispiel von Finnland. Der erwähnte Zusammenhang ist hier sehr viel geringer (was man der Spannbreite des Leistungsspektrums entnehmen kann), und selbst Schüler des untersten Viertels der Sozialstruktur erreichen bei einem zu Deutschland vergleichbaren sozioökonomischen Index sehr gute Leistungswerte, das heißt noch über dem OECD-Durchschnitt. In diesem Land werden demnach zwei wünschenswerte Kriterien erfüllt: keine nennenswerte Benachteiligungen unterer Sozialschichten und darüber hinaus sehr gute Leistungen in den untersuchten Disziplinen. Selbst die Vereinigten Staaten, die häufig als Beispiel für ein großes soziales Gefälle in Bezug auf die Bildungschancen angeführt werden, weisen zwar beträchtliche, aber deutlich niedrigere sozial bedingte Leistungsunterschiede auf als Deutschland.

Aber nicht nur der enge Zusammenhang zwischen Schichtzugehörigkeit und Leistung, sondern auch die geringen Leistungen der unteren Sozialschichten im internationalen Vergleich geben in Deutschland Anlass zur Sorge. Sie spiegeln den im Eingangskapitel erwähnten Befund aus einer etwas anderen Perspektive wider, nämlich dass das schlechte Abschneiden der deutschen Schüler im internationalen Vergleich unter anderem auf ausgeprägte Defizite im unteren Leistungsbereich zurückzuführen ist. Dass insbesondere Länder mit guten oder ausgezeichneten PISA-Ergebnissen zugleich geringe

Unterschiede zwischen den Leistungen der Sozialklassen aufweisen, ist nicht auf die Naturwissenschaften beschränkt. Die bis zu diesem Punkt dieses Kapitels geschilderten Befunde sind in Bezug auf die Kompetenzen gewissermaßen austauschbar. Es ergeben sich für jeden Bereich die nahezu identischen Zusammenhänge.

Ähnliches kann für die beiden anderen Indikatoren der sozialen Herkunft, das kulturelle und soziale Kapital der Familie, gesagt werden. Obwohl zwischen der beruflichen Stellung der Eltern (als Indikator für den sozioökonomischen Status), ihren kulturellen Interessen sowie ihrem Unterstützungsverhalten gegenüber ihren Kindern kein zwingender Zusammenhang besteht, scheinen die drei Merkmale eng miteinander verknüpft zu sein. Zumindest ergeben sich bei der Berücksichtigung des kulturellen oder sozialen Kapitals der Familie (als Indikator für die soziale Herkunft) ähnliche Befunde wie bei der Nutzung der beruflichen Stellung der Eltern (sozioökonomischer Index). Das könnte darüber hinaus bedeuten, dass möglicherweise gar nicht die sozioökonomischen (z.B. finanziellen) Familienverhältnisse, sondern vielmehr der Anregungsgehalt durch die Eltern (z.B. kultureller Art) oder die kommunikativen Familienstrukturen (z.B. wie oft mit wem über welche Themen gesprochen wird) den Kompetenzerwerb beeinflussen. Ursache-Wirkung-Analysen zu diesem komplexen Beziehungsgeflecht konnten im Rahmen der ersten PISA-Studie aufgrund der querschnittlichen Anlage nicht durchgeführt werden. In weiteren zum Teil längsschnittlich angelegten Untersuchungswellen stellen sie jedoch einen bedeutsamen Gesichtspunkt dar.

Untersucht man die Kompetenzen von Schülern aus Migrantenfamilien, zeigen diese in Deutschland große Leistungsrückstände im Vergleich zu Schülern ohne Migrationshintergrund. Ein internationaler Vergleich bereitet große Schwierigkeiten, da man Länder mit völlig unterschiedlichen Migrationspolitiken und Ausländerzahlen kaum sinnvoll gegenüberstellen kann. So variieren die prozentualen Anteile der Schüler mit Migrationshintergrund (Schüler und/oder Eltern im Ausland geboren) über die OECD-Teilnehmerstaaten zwischen etwa 1 Prozent und weit über 20 Prozent. Darüber hinaus muss es als durchaus problematisch angesehen werden, ein Land wie Kanada, das eine sehr gezielte Einwanderungspolitik verfolgt und eine spezifische Einwanderungsgeschichte mit sich bringt, mit Deutschland in Beziehung zu setzen. Das heißt, die Gründe für Zuwanderung sind vielfältig und unterschiedlich über die einzelnen Staaten. Die sich daraus ergebenden Problemlagen sind für die OECD-Teilnahmeländer demnach unterschiedlich, was einen fairen Vergleich zwischen ihnen erschwert (für eine ausführliche Darstellung dieser Thematik siehe auch Baumert & Schümer, 2001).

Staaten, die hinsichtlich ihrer Zuwanderung jedoch Ähnlichkeiten mit Deutschland aufweisen und daher einen Ländervergleich ermöglichen, zeigen im Ergebnis eine wesentlich geringere Koppelung von Migration und Kompetenzen. Folgendes Beispiel verdeutlicht diesen Befund. Da die Beherrschung der jeweiligen Landessprache eine Voraussetzung für eine erfolgreiche Bildungsbeteiligung darstellt, erschien es beispielsweise sinnvoll, den Zusammenhang zwischen Zuwanderung und Lesekompetenz auf internationaler Ebene zu untersuchen. In den Vergleich wurden nur solche Staaten einbezogen, in denen mindestens 2,5 Prozent der 15-Jährigen aus Familien stammen, in denen

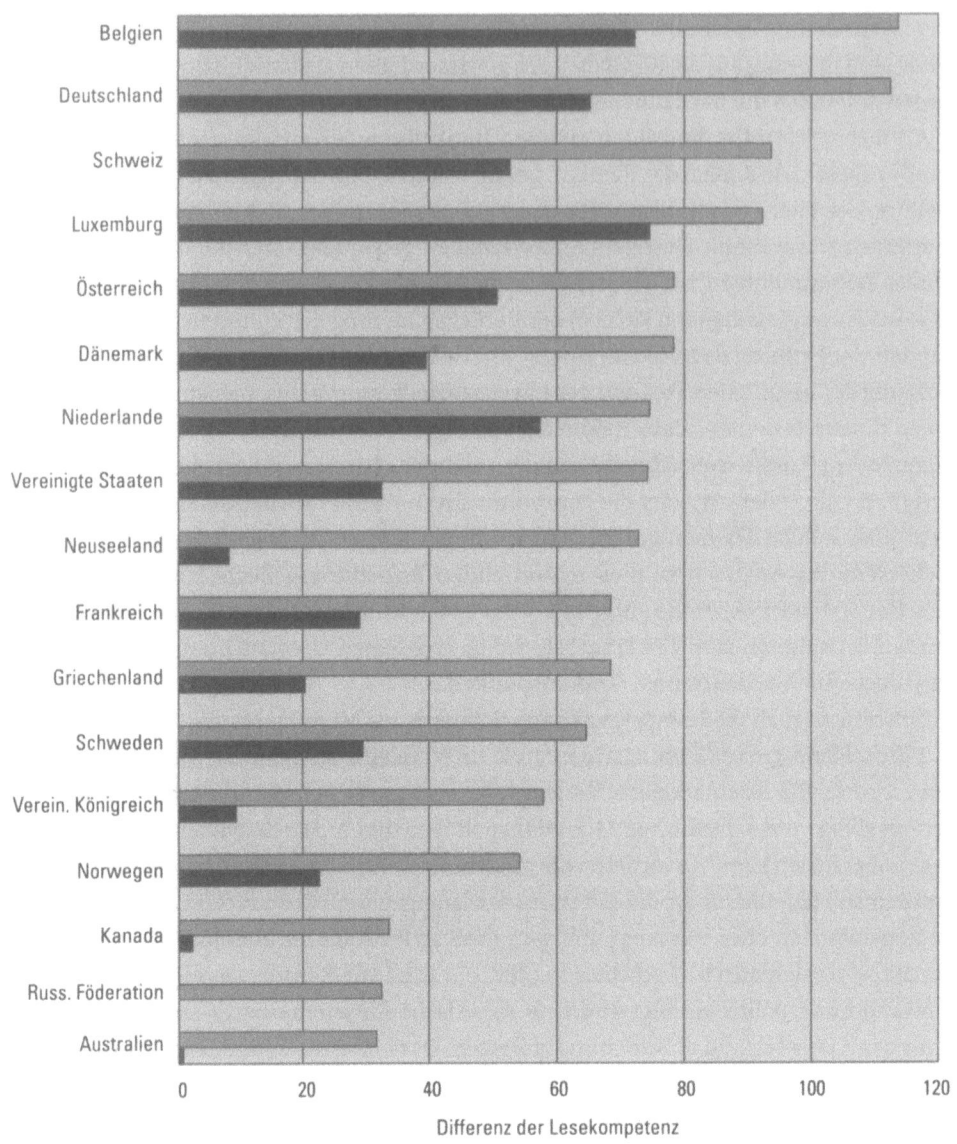

Abbildung 5.3 Unterschiede in der Lesekompetenz von 15-Jährigen aus Familien mit und ohne Migrationshintergrund (Staaten mit mindestens 2,5 % fremdsprachigen Zugewanderten)

eine andere als die Sprache des Testlandes gesprochen wird. Die Ergebnisse hierzu sind in Abbildung 5.3 wiedergegeben.

In dieser Darstellung werden zwei unterschiedliche Kriterien berücksichtigt. Im ersten Fall (dunkle Balken) werden Jugendliche aus Familien, in denen beide Eltern im Testland geboren worden sind, mit den Jugendlichen verglichen, bei denen dies auf mindestens ein Elternteil nicht zutrifft. Die Leistungsvorsprünge für Jugendliche, deren beide Eltern im Testland geboren worden sind, sind zum Teil beträchtlich, variieren jedoch sehr stark über die Staaten hinweg. Die Rückstände sind jedoch erheblich geringer als im zweiten Fall. In diesem zweiten Fall wurden die Jugendlichen danach unterschieden, ob in der Familie die jeweilige Testsprache gesprochen wird oder nicht. Für Deutschland bedeutet dies beispielsweise, dass der Migrationsstatus türkischstämmiger Schüler davon abhängt, ob sie zu Hause mit ihren Familienmitgliedern deutsch oder türkisch sprechen. Bei dieser Unterscheidung sind die Differenzen sehr viel größer. Generell lässt sich daraus schlussfolgern, dass die Rückstände von Jugendlichen mit Migrationsstatus (egal, welches der beiden Kriterien berücksichtigt wird) in klassischen Einwanderungsländern wie Australien, Kanada oder den Vereinigten Staaten deutlich niedriger ausfallen als in Ländern wie Deutschland, der Schweiz oder Dänemark. Diese Staaten gelten – wie auch Belgien, Schweden, Norwegen oder die Niederlande – als Zielländer der europäischen Arbeitsmigration und als Aufnahmeländer für politische und Bürgerkriegsflüchtlinge. Wie die Abbildung 5.3 zeigt, weist Deutschland (zusammen mit Belgien) beim direkten Vergleich dieser Länder die größten Unterschiede in der Lesekompetenz zwischen Jugendlichen mit und ohne Migrationshintergrund auf. In Schweden und Norwegen betragen die Differenzen zwischen diesen beiden Gruppen nur etwa die Hälfte. Dieser Vergleich ist von besonderer Bedeutung, da insbesondere Schweden einen sehr ähnlichen Migrationshintergrund aufweist wie Deutschland. In Deutschland zeigt sich also für die Gruppen der Jugendlichen mit und ohne Migrationshintergrund im internationalen Vergleich ein weit überdurchschnittliches Leistungsgefälle – ganz ähnlich wie bei Berücksichtigung der Sozialschicht.

5.3 Soziale Herkunft und Bildungsbeteiligung in Deutschland

Auch wenn es wünschenswert wäre, keinen Zusammenhang zwischen sozialer Herkunft und der Art des Schulbesuchs zu finden, belegen aktuelle Zahlen ein anderes Bild. Neuere Untersuchungen aus den 1990er Jahren weisen auf einen engen Zusammenhang zwischen Merkmalen der sozialen Herkunft und der Bildungsbeteiligung bzw. den erreichten Bildungsabschlüssen hin. So besuchen Kinder von Akademikereltern eher ein Gymnasium als Jugendliche, deren Eltern selbst keine höhere Bildung genossen haben. Dass diese Zahlen nicht nur soziale Ungleichheiten widerspiegeln, sondern zum Beispiel auch unterschiedliche Erwartungen der Eltern hierbei eine Rolle spielen, illustriert folgendes Beispiel: So konnte Kanders in einer Untersuchung aus dem Jahre 2000 zeigen, dass 29 Prozent der Eltern mit Hauptschulabschluss für ihre Kinder das Abitur wün-

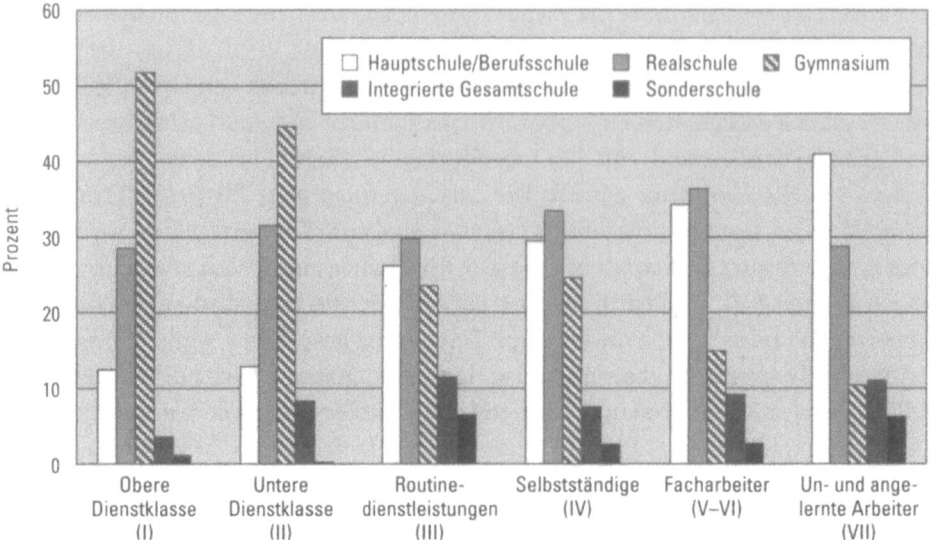

Abbildung 5.4 Prozentsatz der 15-Jährigen in den Schulformen (getrennt nach Sozialschichtzugehörigkeit)

schen, während dieser Anteil bei Eltern mit Hochschulreife bei 76 Prozent liegt. Gleichwohl ist nicht zu übersehen, dass der Zusammenhang zwischen sozialer Herkunft und Art des Schulbesuchs – trotz dieser immer noch bestehenden Disparitäten – in den Jahrzehnten nach Ende des Zweiten Weltkriegs wesentlich geringer geworden ist. Dennoch bestehen diese Unterschiede immer noch – in Deutschland wie auch auf internationaler Ebene. Da der Zusammenhang zwischen sozialer Herkunft und Bildungsbeteiligung bei der Erklärung von Leistungsunterschieden verschiedener Sozialschichten in Deutschland eine wesentliche Rolle spielt, wird zunächst auf diesen Aspekt anhand der erhobenen PISA-Daten eingegangen. Der Einfluss der sozialen Herkunft bzw. der Bildungsbeteiligung der einzelnen Sozialschichten auf den Kompetenzerwerb wird dann Thema des nachfolgenden Abschnitts sein.

Auch im Rahmen der PISA-Untersuchung wurde davon ausgegangen, dass die familiären Lebensverhältnisse und die soziale Herkunft eines Kindes die Bildungswege zwar nicht deterministisch festlegen, wohl aber in gewisser Weise vorgeben. Der Abbildung 5.4 ist der Zusammenhang zwischen bestimmten sozialen Schichten und dem Schulbesuch 15-jähriger Schüler zu entnehmen, wie er in PISA ermittelt wurde. Die unterschiedlichen sozialen Klassen gehen dabei auf ein Modell von Erikson zurück, das für die PISA-Studie übernommen wurde (vgl. Baumert & Schümer, 2001, S. 336–340). Dieses Modell unterscheidet soziale Klassen nach dem so genannten EGP-System und kann als Ausdifferenzierung des international verwendeten Index „Sozioökonomische Stellung der Eltern" betrachtet werden. Um einen Eindruck dieses Systems zu vermitteln, ist in Tabelle 5.1 die Zuordnung von Beruf bzw. Bildungsniveau zu den verschiedenen Klassen angegeben. Diese Klasseneinteilung liegt auch der Abbildung 5.4 zu Grunde.

Soziale Klasse	Beruf/Bildungsniveau
Obere Dienstklasse (I)	Angehörige freier akademischer Berufe Führende Angestellte und höhere Beamte Selbstständige Unternehmer mit mehr als zehn Mitarbeitern Hochschul- und Gymnasiallehrer
Untere Dienstklasse (II)	Angehörige des mittleren Managements Beamte im mittleren und gehobenen Dienst Technische Angestellte mit nichtmanueller Tätigkeit
Routinedienstleistungen (III)	Klassische Büro- und Verwaltungsberufe mit Routinetätigkeiten Niedrig qualifizierte, nichtmanuelle Tätigkeiten (z.B. Verkaufs- und Servicetätigkeiten)
Selbstständige (IV)	Freiberufler ohne Ausübung eines hoch qualifizierten Berufs Selbstständige Landwirte
Facharbeiter unterer technischer Berufe (V–VI)	Vorarbeiter, Meister, Techniker (in manuelle Arbeitsprozesse eingebunden) Beschäftigte mit manueller Tätigkeit und abgeschlossener Berufsausbildung
Un- und angelernte Arbeiter (VII)	Un- und angelernte Berufe aus dem manuellen Bereich Dienstleistungstätigkeiten mit weitgehend manuellem Charakter und geringem Anforderungsniveau Arbeiter in der Land-, Forst- und Fischwirtschaft

Tabelle 5.1 EGP-Klassen nach Erikson, Goldthorpe und Portocarero (1979)

Unübersehbar ist, dass der Gymnasialbesuch von Schülern der oberen Dienstklasse etwa 50 Prozent beträgt und mit sinkender Sozialschicht immer mehr abnimmt. Nur rund 10 Prozent der Kinder aus Familien von un- und angelernten Arbeitern besuchen ein Gymnasium, sie gehen zum größten Teil auf die Hauptschule. Die Anzahl der Schüler, die eine Realschule besuchen, ist über alle Schichten hinweg relativ gleichbleibend. Insgesamt vermittelt die Abbildung 5.4 einen Eindruck von den ungleich verteilten Bildungsbeteiligungen von Schülern unterschiedlicher Sozialschichten. Diese stellen im Wesentlichen das Ergebnis von Übergangsentscheidungen nach Beendigung der Grundschulzeit dar (bzw. nach der 6. Jahrgangstufe in einigen Bundesländern). Das heisst, dass Schulformwechsel danach relativ selten sind. Wenn sie vorkommen, sind sie eher mit einem Abstieg in eine weniger anspruchsvolle Schulform verbunden (11 % der Schüler) als mit einem Aufstieg (5,8 % der Schüler).

Die Entscheidung, auf welche Schule ein Schüler nach der Grundschule wechselt, wird von zahlreichen Faktoren beeinflusst. PISA unterscheidet hier zwischen primären und sekundären Faktoren. Primär ist für den Schulwechsel zunächst die durch Schulleistungen belegte Eignung eines Schülers. Weitere Faktoren sind Elternwünsche, die auch durch die Leistungsgeschichte ihres Kindes in der Grundschule beeinflusst werden. Eine weitere Rolle spielt die Empfehlung der Lehrer. Schulleistungen, Wünsche von Eltern und nicht zuletzt das Empfehlungs- und Beratungsverhalten der Grundschullehrer hängen eng mit dem sekundären Merkmal – der sozialen Herkunft eines Schülers – zusammen. Die PISA-Ergebnisse zeigen, dass die Chancen, auf das Gymnasium zu wechseln, für Schüler aus niedrigen Sozialschichten sehr viel geringer ist als für Kinder der oberen Dienstklasse. Im

Kontrast dazu sind die Chancen eines Akademikerkindes, das Gymnasium zu besuchen, je nach Bundesland um das 6- bis 10-fache höher als für Kinder aus sozial schlechter gestellten Familien. Das Risiko, zu Schulbeginn zurückgestellt zu werden, ist für Kinder aus Arbeiterfamilien doppelt so groß wie für Kinder aus der oberen oder unteren Dienstklasse. Eltern höherer sozialer Schichten scheint es offenbar auch bei schwachen Leistungen ihres Kindes häufiger zu gelingen, einen Hauptschulbesuch des Kindes zu umgehen.

An dieser Stelle ist jedoch zunächst die Frage zu beantworten, inwieweit diese Chancenungleichheit eine tatsächliche Benachteiligung unterer Sozialschichten darstellt, oder ob sich diese durch Unterschiede in der Leistung erklären lassen. Anders ausgedrückt: Sind Akademikerkinder vor allem deswegen prozentual stärker auf dem Gymnasium vertreten als Kinder unterer Sozialschichten, weil sie bessere Leistungen als diese erbringen? Um hierüber Aussagen machen zu können, wurden die Chancen der Bildungsbeteiligung erneut geschätzt – diesmal unter Berücksichtigung der kognitiven Grundfähigkeiten und in der Schule erworbener Kompetenzen. Das bedeutet, dass Differenzen zwischen den Sozialschichten in der Bildungsbeteiligung, die auf Leistungsunterschieden beruhen, herausgerechnet wurden.

Dabei hat sich herausgestellt, dass die Chance von Akademikerkindern, das Gymnasium zu besuchen, im bundesdeutschen Durchschnitt viermal so groß ist wie bei Kindern aus Arbeiterfamilien – auch wenn zwischen ihnen keine Leistungsunterschiede bestehen. Es gibt also beispielsweise 15-jährige Schüler aus unteren sozialen Schichten, die die kognitiven Voraussetzungen für einen Gymnasialbesuch mitbringen und trotzdem eine Real- oder Hauptschule besuchen. Diese Befunde sind alarmierende Hinweise für das deutsche Bildungssystem: Der Zugang zu höheren Bildungsgängen richtet sich nicht nur nach Intelligenz und Kompetenz der Schüler, sondern die soziale Zugehörigkeit ist ebenso ein ausschlaggebender Faktor. Viele Schüler, die eigentlich das Potenzial hätten, an einem Gymnasium unterrichtet zu werden, werden damit deutlich benachteiligt. Ähnlich bedenkliche Ergebnisse zeigen sich auch im Hinblick auf bestimmte Schnittstellen in der Schullaufbahn eines Kindes: Die Tendenz einer Zurückstellung bei der Einschulung ist wesentlich größer, wenn ein Kind aus einer unteren Sozialschicht kommt. Das deutsche Schulsystem scheint über die Schnittstellen *Eintritt in die Grundschule*, *Übergang in die weiterführende Schule* und *Klassenwiederholungen* stark zu selektieren.

Die zahlreichen Selektionsprozesse im deutschen Schulsystem sind möglicherweise auf den Versuch zurückzuführen, möglichst homogene Klassen zu schaffen. In anderen Staaten trifft man in Schulklassen viel mehr Schüler an, die sich in ihrer Leistung stark voneinander unterscheiden und eine sehr heterogene Gruppe bilden. In Deutschland wird scheinbar zu wenig versucht, mit den Unterschieden der Schüler umzugehen. Wer in eine Klasse nicht hineinpasst, bleibt häufig sitzen oder wird auf eine niedrigere Schulform verwiesen. Die Durchlässigkeit des deutschen Schulsystems nach unten ist relativ groß, ein Aufstieg nach oben – zum Beispiel ein Wechsel von der Realschule zum Gymnasium – hingegen relativ selten der Fall. Bildungsexperten betonen, dass ein besserer Umgang mit Unterschieden ebenso wünschenswert wäre wie eine gezielte Förderung von leistungsschwachen Schülern, damit sie den Anschluss nicht verpassen.

Unterschiede in den Ländern der Bundesrepublik Deutschland

In allen Ländern der Bundesrepublik besteht ein Zusammenhang zwischen der Schulform, die ein Schüler besucht, und der Sozialschichtzugehörigkeit seiner Familie. Es gibt jedoch deutliche Unterschiede zwischen den Ländern, wobei die Differenzen zwischen alten und neuen Ländern der Bundesrepublik besonders auffällig sind: Die Chance für Jugendliche, in den neuen Ländern ein Gymnasium zu besuchen, ist deutlich weniger sozialschichtabhängig als in den alten Ländern. In Bayern, Schleswig-Holstein und Rheinland-Pfalz ist der Zusammenhang zwischen sozialer Herkunft und Bildungsbeteiligung am deutlichsten ausgeprägt. Wer dort einer niedrigen Sozialschicht angehört, hat deutlich geringere Aussicht auf einen Gymnasialbesuch. Erklärungen für diese innerdeutschen Unterschiede sind schwierig zu ermitteln: Eine These besagt, dass das Erbe der schulischen Tradition der ehemaligen DDR geringere soziale Distanzen zu weiterführenden Bildungsgängen aufweist. So war in der ehemaligen DDR der 10-jährige Schulbesuch Norm der Grundbildung und der Übergang von der Unter- in die Oberstufe der Polytechnischen Oberschule ein Vorgang, der Bildungsoptionen für alle Sozialschichten offen hielt. Es ist nahe liegend, dass mit der deutsch-deutschen Wiedervereinigung und der Einführung des dreigliedrigen Schulsystems in den neuen Ländern die Distanz zum Gymnasium, die in den alten Ländern bei sozial schwächeren Familien nachweisbar ist, nicht übernommen wurde. Eine andere These macht auf strukturelle Gründe aufmerksam: In den alten Ländern der Bundesrepublik könnte die geringere Zahl von Gymnasialbesuchen der unteren Sozialschichten ein Hinweis auf die höhere Anzahl von Migrantenkindern sein. Stärker als in anderen europäischen Staaten scheint mit der Zuwanderung in Deutschland ein Prozess verbunden zu sein, der dazu führt, dass Kinder ausländischer Eltern vergleichsweise selten leistungsstarke Schulen besuchen.

5.4 Soziale Herkunft und erworbene Kompetenzen in Deutschland

Der Zusammenhang zwischen der sozialen Herkunft eines Schülers und seinen erworbenen Leistungen ist in PISA 2000 vor allem für die Lesekompetenz untersucht worden. Wenn man bedenkt, dass Lesen eine Schlüsselkompetenz für den weiteren Berufserfolg darstellt, wird die Wichtigkeit deutlich, gute Lesekompetenzen über alle Sozialschichten hinweg zu erzielen. Die PISA-Ergebnisse belegen jedoch, dass die Lesekompetenz je nach sozialer Herkunft unterschiedlich gut ausgeprägt ist: Während Jugendliche aus Familien der oberen und unteren Dienstklasse in ihrer mittleren Lesekompetenz fast gleich gut sind, ist ein deutlicher Abstand zwischen diesen beiden oberen Sozialschichten (Klassen I und II) und den darunter befindlichen Klassen (Klassen III bis VII) zu erkennen. Wie Abbildung 5.5 illustriert, ergibt sich nahezu eine Zweiteilung: Die oberen beiden Klassen erzielen Ergebnisse weit über dem deutschen Durchschnittswert von 487 Punkten, während alle anderen Klassen deutlich unter diesem liegen. Nahezu dramatisch mutet der Unterschied der beiden Extremklassen an: Schüler aus der oberen Dienstklasse erreichen in der Lesekompetenz einen Mittelwert von 538, 15-Jährige der un- und angelernten Arbeiter gerade einmal einen Wert von 432 Punkten.

Wie stark die Lesekompetenz mit der Sozialschichtzugehörigkeit zusammenhängt, wird noch etwas deutlicher, wenn man die erreichten Kompetenzstufen für die einzelnen Sozialklassen betrachtet. Genau wie bei den nationalen Naturwissenschafts- und Mathematiktests (siehe auch Kap. 3, in diesem Band) wurden die Leistungsergebnisse im Leseverständnis unterschiedlichen Kompetenzstufen zugeordnet. Beim Leseverständnis werden fünf Kompetenzstufen unterschieden. Da auf internationaler Ebene eine erhebliche Anzahl von Schülern nicht in der Lage war, die elementarsten Lesekompetenzen nachzuweisen, die in PISA gemessen wurden, erweiterte man die Kompetenzskala um die Kategorie „unter Stufe I". Bei diesen Schülern handelt es sich nicht um Analphabeten, das heißt, sie sind im „technischen Sinne" durchaus fähig zu lesen und können etwa 10 Prozent der PISA-Fragen beantworten, die eine eigene Schreibleistung erfordern. Jedoch sind sie in der Regel nur in der Lage, sehr einfach strukturierte Texte zu verstehen. Für Schüler, deren Fähigkeiten unter Stufe I liegen, wird nicht nur die Gefahr gesehen, beim Übergang ins Arbeitsleben großen Problemen gegenüberzustehen, sondern ebenso die, dass sie in ihrem weiteren Leben Möglichkeiten zur Fort- und Weiterbildung nicht nutzen können. Diese Schüler werden auch als Risikogruppe bezeichnet. Aber auch Schüler, die die Kompetenzstufe I erreichen, können nur sehr einfache Leseanforde-

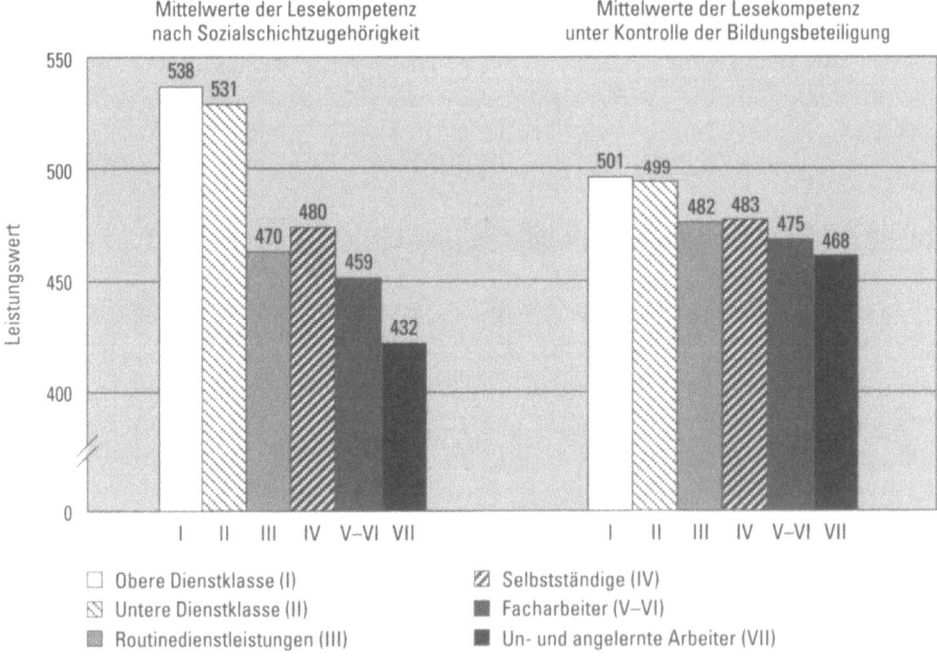

Abbildung 5.5 Lesekompetenz der 15-Jährigen nach Sozialschichtzugehörigkeit ohne Kontrolle der Bildungsbeteiligung (linke Seite) und mit Kontrolle der Bildungsbeteiligung (rechte Seite)

rungen erfüllen, zum Beispiel eine Einzelinformation finden, das Hauptthema eines Textes erkennen oder eine einfache Verbindung zu Alltagskenntnissen ziehen (siehe hierzu auch OECD, 2001). Da diese Schüler letztlich nur sehr simpel geschriebene Texte verstehen und bei ihnen Übergangsprobleme beim Eintritt in das Berufsleben anzunehmen sind, werden auch sie zur Gruppe der – zumindest potenziellen – Risikoschüler gezählt (siehe hierzu für eine ausführlichere Darstellung Artelt, Schneider, & Schiefele, 2002). Auf internationaler Ebene liegen die Leistungen von insgesamt 12 Prozent der Schüler auf Stufe I und 6 Prozent unter Stufe I.

Die Anteile der Schüler, die maximal Kompetenzstufe I erreichen (also der Risikogruppe angehören) bzw. die Anteile der Schülerschaft, die der höchsten Kompetenzstufe V (mit einem ausgezeichneten Leseverständnis) angehören, variieren sehr stark in Abhängigkeit von der Sozialschichtzugehörigkeit. Abbildung 5.6 belegt diesen Zusammenhang sehr eindrucksvoll.

Trotz dieses deutlichen Zusammenhangs zwischen sozialer Klasse und Lesekompetenz sollten die Überlappungen der Leistungsverteilungen über die Schichten hinweg nicht übersehen werden. Letztlich sind diese größer als die Unterschiede. So kommen auch insgesamt etwa 9 Prozent der Kinder der beiden Dienstklassen nicht über den Status der Risikogruppe hinaus. Auf der anderen Seite erreichen durchschnittlich immerhin 5 Prozent der Kinder unterer Sozialschichten (Klassen III bis VII) das höchste er-

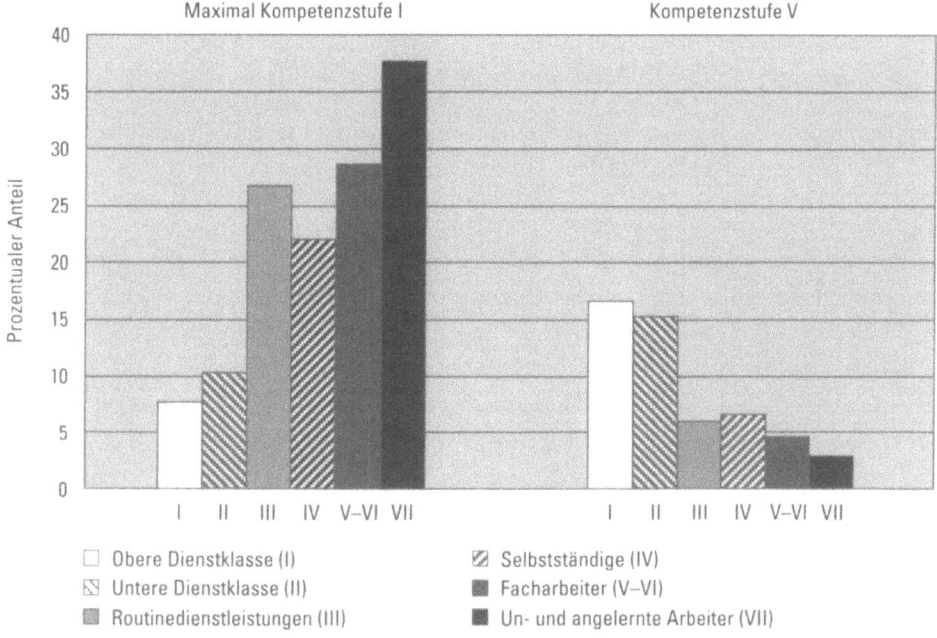

Abbildung 5.6 Lesekompetenz von Schülern nach Sozialschichtzugehörigkeit, die maximal Kompetenzstufe I bzw. Kompetenzstufe V erreichen

reichbare Kompetenzniveau. Von abgeschlossenen Sozialschichten kann demnach nicht gesprochen werden. Leseexperten und schwache Leser finden sich in jeder Sozialschicht. Der wichtigste Befund ist aber sicherlich, dass die Gruppe potenzieller Risikopersonen in den unteren Sozialschichten besonders groß ist.

Nach diesem kleinen Exkurs zur Darstellung und Interpretation der Kompetenzstufen soll die Aufmerksamkeit noch einmal der Abbildung 5.5 – genauer gesagt der rechten Seite der Graphik – zugewendet werden. Hier ist nämlich ein bemerkenswerter Befund zu berichten, der direkt an den vorangegangenen Abschnitt anknüpft. Die dort abgetragenen Leistungswerte für die Lesekompetenz sind diejenigen, die zu erwarten wären, wenn sich die Jugendlichen der verschiedenen Sozialschichten in gleichen Anteilen auf die verschiedenen Schulformen verteilen würden. Mit anderen Worten: Der Einfluss der sozialen Herkunft auf die Bildungsbeteiligung (d.h. die besuchte Schulform) wurde hier statistisch herausgerechnet. Erstaunlicherweise zeigt sich eine enorme Verringerung der Leistungsunterschiede zwischen den sozialen Klassen. Betrug die Differenz zwischen oberer Dienstklasse (Klasse I) und unterster Sozialschicht (Klasse VII) noch mehr als 100 Punkte, wenn die unterschiedliche Bildungsbeteiligung berücksichtigt wird, so schrumpft diese nun auf etwa 30 Punkte – unter der Annahme, dass es die besagten Unterschiede nicht gäbe. Das bedeutet nichts anderes, als dass ein sehr hoher Anteil der Leistungsunterschiede zwischen den Sozialschichten eben gerade darauf zurückzuführen ist, dass sich die Sozialschichten sehr unterschiedlich auf die Schulformen verteilen. Wie im vorangegangenen Abschnitt angeführt wurde, sind diese Differenzen zwischen den Sozialklassen in der Bildungsbeteiligung aber nicht nur auf tatsächliche Leistungsunterschiede zwischen ihnen zurückzuführen. Dort zeigte sich, dass beim Wechsel auf weiterführende Schulen beispielsweise nicht nur der Wunsch der Eltern eine wichtige Rolle spielt, sondern generell Kinder oberer Sozialschichten gegenüber Kindern unterer Sozialschichten bevorzugt werden – trotz identischer Leistung. Da die Schulform – wie die rechte Seite der Abbildung 5.5 belegt – aber ganz offensichtlich einen erheblichen Einfluss auf Kompetenzerwerb hat, werden sozialschwächere Kinder benachteiligt. Diese weisen zwar gleich gute Leistungspotenziale wie Kinder sozialstärkerer Familien auf, der Sprung auf eine leistungsstarke Schule wird ihnen jedoch nicht ermöglicht. Ersichtlich wird an diesem Befund auch, dass die Schulformen offenbar ein sehr unterschiedliches Anregungspotenzial besitzen. Andererseits ist nicht zu übersehen, dass auch die – durch die Kontrolle der Bildungsbeteiligung – „reduzierte" Differenz von 30 Punkten zwischen den Sozialklassen immer noch statistisch signifikant und praktisch bedeutsam ist. Der Zusammenhang zwischen sozialer Herkunft und Lesekompetenz ist also auch innerhalb der Schulformen nachweisbar – wenn auch in sehr viel schwächerer Form.

Wie auf internationaler Ebene ergeben sich in der Mathematik und in den Naturwissenschaften fast identische Zusammenhänge zwischen sozialer Herkunft und Schülerleistungen wie beim Lesen. Die Aussagen zum Zusammenhang von sozialer Herkunft und Lesekompetenz gelten demnach genauso für die beiden anderen Disziplinen und sind in dieser Hinsicht quasi als austauschbar zu betrachten. Die Leistungsunterschiede zwischen den beiden sozialen Extremgruppen liegen dementsprechend auch bei einem Wert von 90 bis 100 Punkten. Ebenso wie bei der Lesekompetenz verringern sich die Leistungsunterschiede zwischen den Sozialklassen erheblich, wenn die unterschiedlichen Bildungszugänge der jeweiligen Sozialschichten herausgerechnet werden. Die Abbildung 5.7, die die naturwissenschaftliche Kompetenz nach Sozialschichtzugehörigkeit darstellt, zeigt diese Übereinstimmung mit den Werten zur Lesekompetenz (siehe Abb. 5.5).

Für alle drei Disziplinen lässt sich somit zusammenfassend festhalten, dass die Leistungsdifferenzen zwischen den Sozialschichten vornehmlich deshalb so hoch sind, weil sich diese in sehr unterschiedlichem Ausmaß auf die verschiedenen Schulformen verteilen. Rechnet man diesen Einfluss heraus, zeigen sich zwar immer noch beträchtliche Kompetenzunterschiede zwischen ihnen, diese betragen jedoch nur noch etwa ein Drittel der ursprünglichen Größe. Damit bestätigen die in PISA 2000 ermittelten Daten Befunde anderer Schulleistungsstudien. In diesen konnte gezeigt werden, dass Leistungsdifferenzen zwischen verschiedenen Sozialschichten, die zu Beginn der Sekundarstufe bestanden, sich bis zum Ende der Sekundarstufe erheblich vergrößern. Dieser Schereneffekt, der sich in den Abbildungen 5.5 und 5.7 deutlich widerspiegelt, ist allein durch das unterschiedliche Entwicklungspotenzial der einzelnen Schulformen zu erklären.

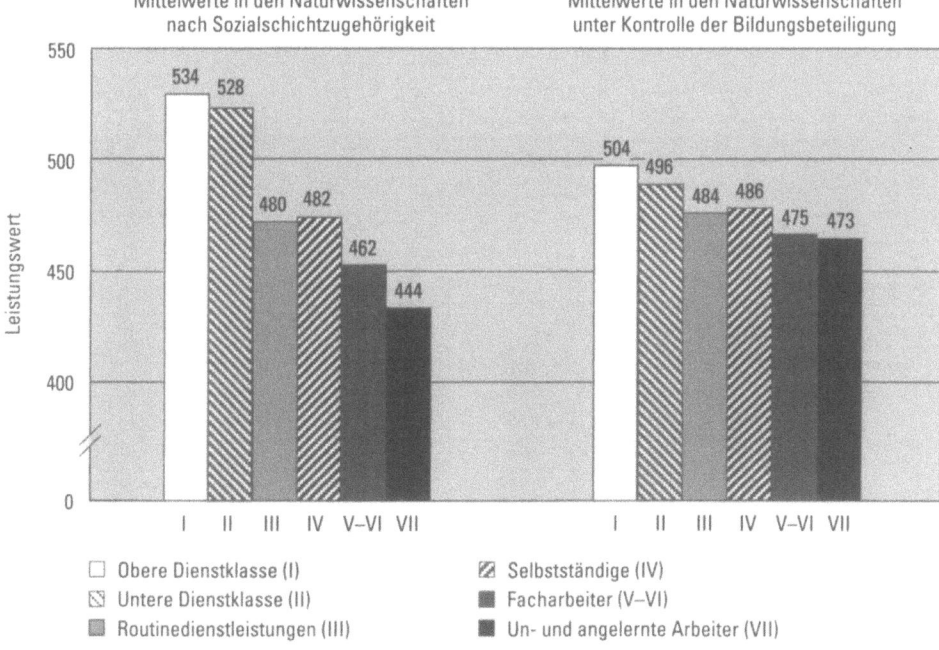

Abbildung 5.7 Naturwissenschaftliche Kompetenz der 15-Jährigen nach Sozialschichtzugehörigkeit ohne Kontrolle der Bildungsbeteiligung (linke Seite) und mit Kontrolle der Bildungsbeteiligung (rechte Seite)

5.5 Migrationshintergrund und Kompetenzerwerb in Deutschland

Unterteilt man die 15-Jährigen gemäß ihrem Migrationshintergrund (beide Eltern, ein Elternteil oder kein Elternteil in Deutschland geboren), so ergeben sich für diese Gruppierungen unterschiedliche Muster der Bildungsbeteiligung. Wie Abbildung 5.8 zeigt, gehen etwa 50 Prozent der Schüler mit dem stärksten Migrationshintergrund (kein Elternteil in Deutschland geboren) auf die Hauptschule. Dieser Anteil ist bei Kindern mit geringerem oder keinem Migrationshintergrund nur etwa halb so groß. Entsprechend ist der Anteil dieser Gruppe, das heißt von Kindern aus deutschen und gemischten Ehen, auf dem Gymnasium mit etwa 30 Prozent doppelt so hoch wie der von Kindern, deren beide Eltern nach Deutschland zugewandert sind. Auf der anderen Seite bleibt festzuhalten, dass sich Kinder aus deutschen und gemischten Ehen nur geringfügig in Bezug auf die besuchte Schulform unterscheiden.

Auf den ersten Blick scheinen die Ergebnisse eine ähnliche Benachteiligung von Kindern mit Eltern ausländischer Herkunft zu belegen, wie sie im vorangegangenen Abschnitt für die Schüler aus unteren Sozialschichten dargestellt wurde. Detaillierte Analysen weisen zwar darauf hin, dass Kinder mit Migrationsgeschichte vermehrt unteren Sozialschichten angehören und aufgrund dessen geringere Chancen besitzen, eine leistungsstarke Schulform wie das Gymnasium oder die Realschule zu besuchen, der entscheidende Faktor für die Unterschiede in der Bildungsbeteiligung ist jedoch in der mangelnden Sprachkompetenz der Schüler mit Migrationshintergrund zu sehen. Vergleicht man Schüler gleicher Lesekompetenz, so ist keine Benachteiligung von Jugendlichen aus

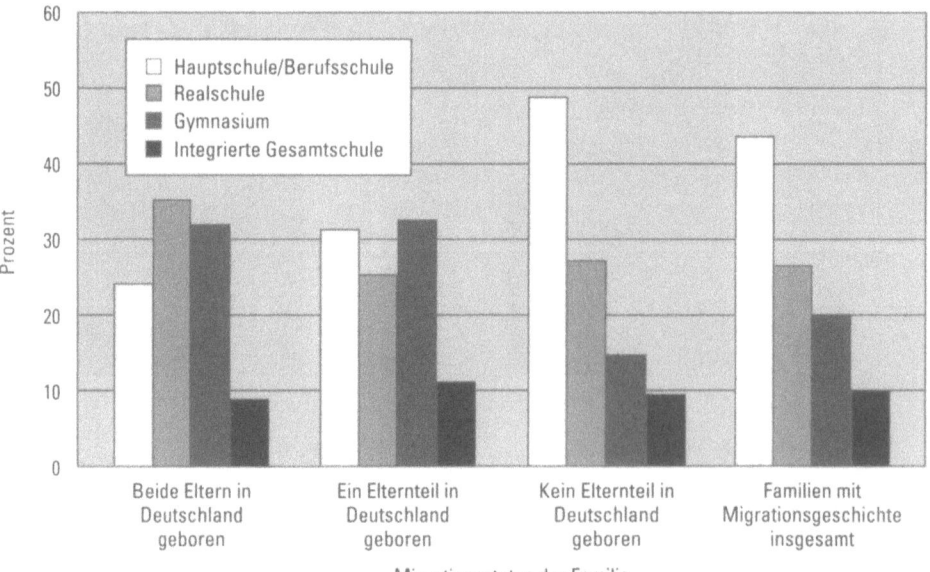

Abbildung 5.8 Anteil der 15-Jährigen in den Schulformen nach Migrationshintergrund der Familie

Zuwandererfamilien mehr nachweisbar. Hinsichtlich ihrer Bildungskarriere stellt also die Sprachkompetenz die entscheidende Hürde dar. Diese Befunde decken sich wiederum mit Ergebnissen anderer Schulleistungsstudien, zum Beispiel der Hamburger Studie zur Lernausgangslage von Sekundarschülern. Um Kinder mit Migrationsgeschichte nicht zu benachteiligen, ist demnach eine sehr frühe Förderung der sprachlichen Kompetenz von entscheidender Bedeutung und als vorrangige Bildungsaufgabe anzusehen.

Entsprechend der unterschiedlichen Bildungsbeteiligung – siehe Abbildung 5.8 oder die Ausführungen dazu im vorangegangenen Abschnitt – sind die Leistungsdifferenzen zwischen den drei Migrationsgruppen erheblich. So kommen 50 Prozent der Schüler mit dem höchsten Migrationsstatus (beide Eltern im Ausland geboren) im Lesen nicht über die Kompetenzstufe I hinaus, verbleiben also auf dem Status der potenziellen oder tatsächlichen Risikoschüler. Bei den Schülern mit mindestens einem in Deutschland geborenen Elternteil beträgt dieser Anteil nur etwa 20 Prozent. Insgesamt unterscheiden sich die Schüler mit entweder beiden oder nur einem in Deutschland geborenen Elternteil nur unwesentlich voneinander.

Genau wie in den bisherigen Analysen dieses Kapitels fallen die Leistungsunterschiede über alle drei Kompetenzbereiche recht ähnlich aus. Aus Tabelle 5.2, in der die Kompetenzen nach Migrationsgeschichte der Familie dargestellt sind, wird aber auch ersichtlich, dass die Leistungsdifferenzen zwischen Schülern mit unterschiedlichem Migrationshintergrund in den Schulfächern Mathematik und Naturwissenschaften sogar noch größer sind als im Leseverständnis. Der Abstand zwischen Kindern in Deutschland geborener Eltern und Kindern, bei denen kein Elternteil in Deutschland geboren wurde, steigt von 74 Punkten im Lesen auf 77 Punkte in Mathematik und sogar 87 Punkte in den Naturwissenschaften. Obwohl die Leistungsunterschiede zwischen Jugendlichen mit unterschiedlichem Migrationshintergrund damit nicht ganz so groß ausfallen wie zwischen Jugendlichen unterschiedlicher sozialer Herkunft (dort betrugen die maximalen Differenzen je nach Bereich 90 bis 100 Punkte), ist die Größenordnung des Leistungsgefälles besorgniserregend.

Die Zunahme des Gefälles in den Sachfächern Mathematik und Naturwissenschaften ist insofern überraschend, da bislang angenommen wurde, dass sich Mängel in der Sprachbeherrschung nicht auf Leistungen in Fächern niederschlagen müssen, die weniger sprachlastig sind. Zu diesen zählen insbesondere die mathematisch-naturwissenschaftlichen Fächer. Die PISA-Ergebnisse deuten jedoch das Gegenteil an. Zumindest geht aus den Daten eindeutig hervor, dass Schüler mit Migrationshintergrund mit unzureichender Lesekompetenz auch in Sachfächern wie Mathematik oder Physik im Kompetenzerwerb erheblich beeinträchtigt sind.

Wie schon auf internationaler Ebene sind faire und aussagekräftige Vergleiche nur schwierig durchzuführen, da die hier vorgenommene, sehr grobe Differenzierung des Migrationshintergrunds der tatsächlichen, weitaus komplexeren Sachlage nur im Ansatz gerecht wird. So zeigen sich beispielsweise je nach Herkunftsland, bisheriger Verweildauer des Jugendlichen in Deutschland oder der in der Familie gesprochenen Sprache erhebliche Leistungsunterschiede zwischen den Schülern mit Migrationsgeschichte. Mit

Kompetenzen/Migrationsstatus	Mittelwert (Standardfehler)	Standardabweichung
Lesekompetenz		
Beide Eltern in Deutschland geboren	495 (2,6)	109,1
Ein Elternteil in Deutschland geboren	492 (6,3)	104,0
Kein Elternteil in Deutschland geboren	421 (6,1)	102,1
Mathematische Kompetenz		
Beide Eltern in Deutschland geboren	503 (2,6)	97,1
Ein Elternteil in Deutschland geboren	480 (8,9)	106,4
Kein Elternteil in Deutschland geboren	426 (7,2)	101,2
Naturwissenschaftliche Kompetenz		
Beide Eltern in Deutschland geboren	501 (2,5)	97,7
Ein Elternteil in Deutschland geboren	486 (9,6)	103,2
Kein Elternteil in Deutschland geboren	414 (6,8)	101,8

Tabelle 5.2 Leistungswerte der 15-Jährigen in den drei Kompetenzen nach Migrationsgeschichte der Familie

anderen Worten: Die Schüler mit Zuwanderungshintergrund bilden eine sehr heterogene Gruppe, das heißt, sie weisen sehr unterschiedliche Merkmale auf, die wiederum Einfluss auf den Kompetenzerwerb haben. Insofern wären detailliertere Analysen vonnöten, die die genannten Merkmale berücksichtigen. In der PISA-2000-Studie waren diese aufgrund der relativ geringen Anzahl getesteter Schüler mit Migrationshintergrund jedoch nur in sehr eingeschränktem Umfang möglich. Aufgrund der Bedeutsamkeit der Ergebnisse wurde für die PISA-2003-Untersuchung eine deutlich höhere Stichprobe anvisiert. Anhand dieser Daten können dann die notwendigen Differenzierungen berücksichtigt werden, die zu erheblich aussagekräftigeren Befunden führen sollten. Ungeachtet dessen können die oben genannten Apekte (Sozialschichtzugehörigkeit, Verweildauer in Deutschland, Umgangssprache in der Familie) zumindest als diejenigen Faktoren angesehen werden, die für die festgestellten Leistungsunterschiede zwischen Jugendlichen aus Familien mit Migrationsgeschichte verantwortlich sein könnten.

5.6 Der Einfluss des Migrationshintergrunds im innerdeutschen Vergleich

Für den innerdeutschen Vergleich konzentrierte man sich bei den Analysen zum Zusammenhang von Naturwissenschaftsleistungen und sozialer Herkunft auf eine Gegenüberstellung der Naturwissenschaftsleistungen von Schülern mit und ohne Migrationshintergrund. Die Abbildung 5.9 zeigt die Leistungen im Naturwissenschaftstest für die Länder der Bundesrepublik. Da – wie im vorangegangenen Abschnitt erwähnt wurde – die Anzahl der Schüler mit Migrationsgeschichte vergleichsweise klein war, wurde hier

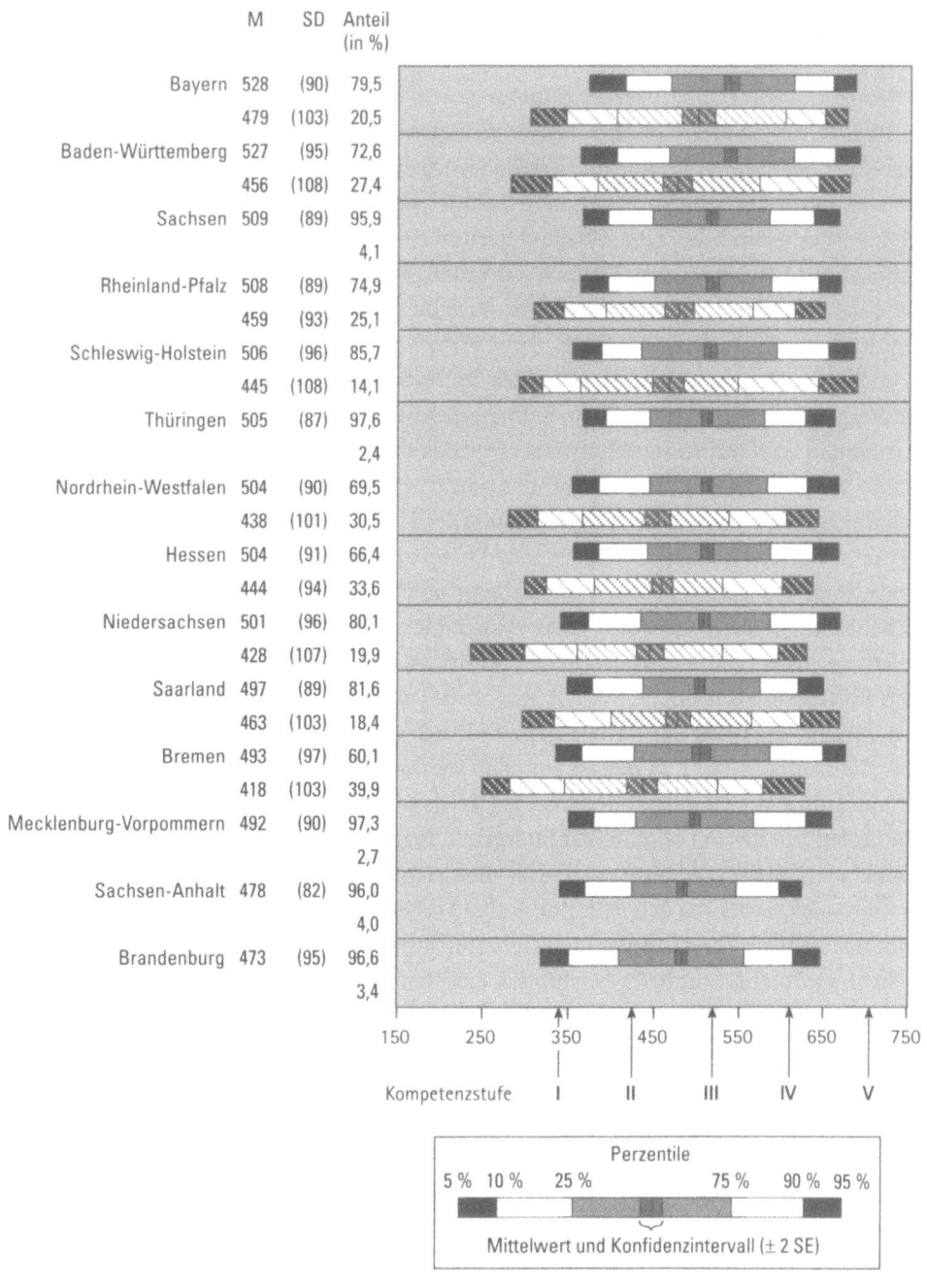

Abbildung 5.9 Leistungswerte und Leistungsverteilungen in den Naturwissenschaften der Neuntklässler mit und ohne Migrationshintergrund in 14 Ländern der Bundesrepublik Deutschland

nur noch zwischen zwei Gruppen differenziert: Schüler mit beiden Eltern in Deutschland geboren sowie Schüler, bei denen mindestens ein Elternteil im Ausland geboren wurde.

Insgesamt ist auffällig, dass die Mittelwerte von Schülern ohne Migrationshintergrund in allen Bundesländern deutlich besser ausfallen als von Schülern, bei denen mindestens Vater oder Mutter im Ausland geboren wurden. Unterschiede zwischen den Bundesländern werden erkennbar, wenn man beispielsweise die Leistungen von Jugendlichen in den Blick nimmt, bei denen beide Eltern in Deutschland geboren sind: Bayern liegt dabei gut 30 Punkte vor dem Stadtstaat Bremen. Auch die Leistungen der Jugendlichen, bei denen mindestens ein Elternteil im Ausland geboren ist, weisen länderspezifische Differenzen auf: In Bayern zum Beispiel erreichen Jugendliche mit Migrationshintergrund einen Mittelwert von 479 Punkten im Naturwissenschaftstest. Dieser Wert liegt im Vergleich der Länder relativ hoch und erreicht fast den Wert, den alle Jugendlichen zusammen im Naturwissenschaftstest erreichen (hier liegt der Mittelwert bei 487). Bayerische Jugendliche mit Migrationshintergrund erzielen damit ein Niveau naturwissenschaftlicher Kompetenz, das Schüler deutscher Herkunft in Sachsen-Anhalt und Brandenburg mit 478 und 473 Punkte gerade knapp erreichen. Dieser Befund relativiert die Bedeutung des Faktors „Migrationshintergrund" für den Aufbau naturwissenschaftlicher Leistung, auch wenn die meisten Jugendlichen mit Migrationshintergrund nur ein relativ geringes Leistungsniveau in den Naturwissenschaften erreichen. Besonders deutlich wird dieser Sachverhalt, wenn man sich die jeweiligen Spitzengruppen in Abbildung 5.9 ansieht, das heißt das jeweils ganz rechte Segment jeder Leistungsverteilung (also das „Perzentil 90–95"). In diesen befinden sich vergleichbare Anteile von Jugendlichen mit und ohne Migrationshintergrund. Im Saarland und in Schleswig-Holstein überholen die besten Schüler mit Migrationshintergrund sogar ihre gleichaltrigen deutschen Schulkameraden. Ebenso erkennt man, dass die Leistungsverteilungen der Schüler mit Zuwanderungsgeschichte in jedem Bundesland erheblich größere Spannbreiten haben. Es gibt also in jedem Land Schüler mit Migrationshintergrund, die sowohl sehr gute als auch sehr unterdurchschnittliche Leistungen erzielen. Dieses Ergebnis korrespondiert mit dem im vorangegangenen Abschnitt geschilderten Befund, dass die Schüler mit Migrationsgeschichte sehr heterogene Merkmale aufweisen, die sich in entsprechend unterschiedlichen Leistungswerten niederschlagen.

Darüber hinaus zeigt sich sogar, dass die Leistungsunterschiede zwischen den Ländern für die Schüler mit Zuwanderungshintergrund größer sind (61 Punkte Differenz zwischen Bayern und Bremen) als für die Schüler mit deutschen Eltern (55 Punkte Differenz zwischen Bayern und Brandenburg). Da sich die genannten Merkmale – zum Beispiel Sozialschichtzugehörigkeit und Herkunftsland – sehr unterschiedlich auf die Länder verteilen, wäre es also durchaus denkbar, dass sie für die Leistungsdifferenzen verantwortlich sind. Weiterführende Auswertungen zeigen jedoch, dass diese Merkmale *keinen* nennenswerten Einfluss auf die festgestellten Länderunterschiede haben. Daraus zu schließen, dass die genannten Merkmale soziale Herkunft, Verweildauer des Jugendlichen in Deutschland und die Umgangssprache in der Familie letztlich doch keine

Rolle spielen, wäre aber mit Sicherheit falsch. Sie leisten eben nur keinen hilfreichen Beitrag, die Leistungsunterschiede zwischen den Ländern der Bundesrepublik Deutschland aufzuklären. Aussagen über ihr genaues Zusammenwirken und ihre Bedeutung sind erst aufgrund einer deutlich vergrößerten Stichprobe im Rahmen der PISA-2003-Studie möglich.

Ein weiterer zu berücksichtigender Aspekt beim Ländervergleich war, dass die Anteile der Schülerschaft mit Migrationsgeschichte über die einzelnen Länder erheblich variieren. So betragen diese in den neuen Ländern durchgehend weniger als 5 Prozent, sodass in diesen für Schüler mit Migrationsstatus gar keine sinnvollen Leistungswerte berechnet werden konnten (siehe Abb. 5.9). Aber auch innerhalb der alten Länder ist die Spannbreite erheblich und schwankt zwischen 14,1 Prozent in Schleswig-Holstein und 39,9 Prozent in Bremen. Klare Zusammenhänge zum Leseverständnis finden sich jedoch nur im Ansatz: In einigen Ländern zeigt sich der erwartete Zusammenhang, dass mit zuneh-

Lesen		Naturwissenschaften		Mathematik	
Länder	M	Länder	M	Länder	M
Finnland	548	Japan	554	Japan	560
Neuseeland	539	Finnland	539	Schweiz	551
Kanada	538	Neuseeland	538	Neuseeland	545
Australien	531	Vereinigtes Königreich	537	Belgien	543
Belgien	528	Kanada	535	Finnland	537
Vereinigtes Königreich	528	Australien	532	Kanada	537
Japan	524	Österreich	529	Australien	534
Schweden	524	Schweden	519	Vereinigtes Königreich	534
Österreich	516	Belgien	517	Frankreich	527
Schweiz	516	Schweiz	517	Österreich	524
Vereinigte Staaten	514	Frankreich	513	Dänemark	522
Frankreich	514	**Deutschland**	**510**	Schweden	519
Norwegen	511	Vereinigte Staaten	509	**Deutschland**	**513**
Deutschland	**510**	Norwegen	508	Vereinigte Staaten	504
OECD-Durchschnitt	**507**	**OECD-Durchschnitt**	**505**	Norwegen	504
Dänemark	505	Spanien	495	**OECD-Durchschnitt**	**504**
Spanien	496	Dänemark	489	Spanien	480
Italien	492	Polen	486	Polen	474
Polen	483	Italien	481	Italien	461
Portugal	470	Portugal	460	Portugal	454
Mexiko	428	Mexiko	426	Mexiko	392

Tabelle 5.3 Mittlere Leistungswerte (M) von 15-Jährigen, deren Eltern im jeweiligen Teilnehmerstaat geboren sind und die in der Familie die jeweilige Testsprache sprechen

mendem Migrantenanteil auch die Leistungswerte dieser Schüler sinken (z.B. Bremen und Nordrhein-Westfalen). Da sich dieser Zusammenhang in anderen Bundesländern jedoch nicht zeigt (z.B. Schleswig-Holstein und Saarland mit geringer Lesekompetenz trotz geringen Migrantenanteils), ist der Erklärungswert dieses Merkmals nicht sonderlich groß. Auf der Ebene einzelner Schulen zeigt sich jedoch, dass ein hoher Migrantenanteil tendenziell mit schlechteren Leistungen einhergeht. Detailliertere Analysen hierzu finden sich bei Stanat (2003).

Abschließend soll auf einen nahe liegenden Gedanken eingegangen werden. Wenn die Schüler mit Migrationshintergrund im Vergleich mit den Jugendlichen deutscher Eltern erhebliche Defizite aufweisen, müsste sich die Position der deutschen Schüler auf internationaler Ebene doch erheblich verbessern, wenn nur die Schüler ohne Migrationsgeschichte berücksichtigt werden. Ein solcher Vergleich muss allein schon deshalb mit Vorbehalt betrachtet werden, weil sich ein erfolgreiches Bildungssystem dadurch auszeichnet, dass auch Kinder aus zugewanderten Familien angemessen gefördert werden. Diese einfach nicht zu berücksichtigen, führt also zwangsläufig zu einer verengten Perspektive. Trotz dieses und weiterer Vorbehalte (siehe hierzu auch die genaueren Ausführungen von Stanat, 2003) wurde ein diesbezüglicher Vergleich auf internationaler Ebene durchgeführt. Tabelle 5.3 zeigt eindrücklich, dass sich hierdurch die Position der deutschen Schüler im internationalen Vergleich nur geringfügig verbessert.

Wie aufgrund der dargestellten Befunde in diesem Kapitel zu erwarten war, liegen die Leistungen der deutschen Schüler statt deutlich unter dem OECD-Durchschnitt (alle Schüler berücksichtigt) nun knapp darüber. Damit befindet sich Deutschland im Vergleich mit den anderen Staaten gemeinsam mit zum Beispiel den Vereinigten Staaten, Norwegen und Island im Mittelfeld der Leistungsverteilung. In allen drei Bereichen besteht also weiterhin ein deutlicher Abstand zu den erfolgreichsten Teilnehmerstaaten. Der hinter dieser Auswertung stehenden Hoffnung, dass nämlich das schlechte Abschneiden Deutschlands in PISA 2000 vornehmlich auf Integrationsprobleme zugewanderter Mitbürger reduziert werden kann, muss demnach eine klare Absage erteilt werden.

5.7 Fazit und Zusammenfassung

Insgesamt ist die enge Koppelung von sozialer Herkunft, Bildungsbeteiligung bzw. Migrationsstatus und Kompetenzerwerb in Deutschland kein wünschenswerter Zustand. Es besteht die Gefahr, dass die Gesellschaft sich zunehmend auseinander entwickelt. Dabei scheinen zwei Aspekte des in Deutschland stark gegliederten Schulsystems eine bedeutsame Rolle einzunehmen. Zum einen besitzen Schüler unterer Sozialschichten trotz gleich guter Qualifikation und Kompetenz schlechtere Chancen, eine leistungsstarke Schule zu besuchen, als Schüler mit günstigerem sozialem Hintergrund. Aber auch wenn dies nicht der Fall ist, also tatsächliche Leistungsunterschiede zwischen Kindern verschiedener Sozialschichten bestehen, resultieren aus dem Wechsel auf weiterführende Schulen enorme Probleme. Durch die unterschiedliche Zuweisung zu den Schulformen vergrößern sich die Leistungsunterschiede zwischen den sozialen Schichten dramatisch. Offenbar gelingt es insbesondere in der Gesamtschule und in der Hauptschule nicht, das Entwicklungspotenzial der Schüler auszuschöpfen.

Dass die Unterschiede zwischen Jugendlichen mit unterschiedlichem Migrationshintergrund nicht ganz so gravierend ausfallen wie die zwischen Jugendlichen mit unterschiedlicher sozialer Herkunft, kann nicht wirklich beruhigen. Von großer Bedeutung ist jedoch, dass die Leistungsdefizite der Migrationskinder nicht nur auf ungünstige soziale Hintergrundmerkmale zurückzuführen sind, sondern die Gründe hierfür vornehmlich in der mangelnden Sprachbeherrschung zu finden sind. Wenn nahezu 50 Prozent der Jugendlichen aus Zuwandererfamilien im Lesen nicht die elementare Kompetenzstufe I überschreiten, obwohl über 70 Prozent von ihnen eine deutsche Schule vollständig durchlaufen haben, scheint eine frühestmögliche Sprachförderung von Kindern mit Zuwanderungsgeschichte von höchster Bedeutung. Ein Aufholen bzw. eine Korrektur der sprachlichen Rückstände erscheint insbesondere nach dem Übergang in die Sekundarstufe nicht mehr möglich. Verschärft wird dieser Aspekt dadurch, dass entgegen der bisherigen Annahme sprachliche Defizite auch in Sachfächern wie Mathematik und in den Naturwissenschaften zu enormen Problemen im Kompetenzerwerb führen. Gute Kompetenzen im mathematisch-naturwissenschaftlichen Bereich können also keineswegs Defizite im sprachlichen Bereich kompensieren, wie oftmals angenommen wird, vielmehr setzen diese gute Sprach- und Lesekenntnisse voraus. Ohne diese scheint eine Teilnahme am gesellschaftlichen Leben wie auch eine fundierte Berufsausbildung kaum möglich. Der internationale Vergleich offenbart, dass die für Deutschland geschilderten Problemfelder in ähnlicher Weise auch in anderen Staaten mit vergleichbarer Sozialstruktur oder Zuwanderungsgeschichte existieren. Besorgniserregend ist jedoch, dass für beide in diesem Kapitel untersuchten Aspekte (soziale Herkunft, Migrationshintergrund) das Leistungsgefälle hierzulande besonders stark ausgeprägt ist. Bevor sinnvolle Maßnahmen zur Verminderung dieser Disparitäten eingeleitet werden können, scheint es in einem weiteren Schritt zunächst notwendig, die Gründe hierfür zu ermitteln. Gemäß ihrer Anlage kann die PISA-Studie nur die diagnostischen Daten liefern, präventive Maßnahmen erfordern jedoch Befunde weiterführender und sehr viel detaillierterer Studien.

Anmerkung

[1] In der Abbildung sind der besseren Übersicht wegen nicht alle Teilnehmerstaaten abgetragen. Es wurden vornehmlich diejenigen Länder berücksichtigt, die aus deutscher Perspektive besonders interessante Vergleichsdaten liefern (z.B. die deutschsprachigen Länder Österreich und Schweiz) bzw. das Leistungsspektrum gut repräsentieren.

6 Jungen oder Mädchen – Wer sind die besseren Naturwissenschaftler?

Die Untersuchung von Geschlechterunterschieden gehört mittlerweile zum Standardrepertoire von Schulleistungsstudien. Auch im Rahmen der PISA-Studie ist es ein vorrangiges Anliegen, Unterschiede zwischen Jungen und Mädchen in den drei Kompetenzbereichen zu analysieren. Frühere Schulleistungsstudien konzentrierten sich meist auf die geschlechtlichen Unterschiede in der Mathematik, während die Analyse unterschiedlicher verbaler Fähigkeiten und Fertigkeiten in den Hintergrund trat. Da PISA mehrere Kompetenzbereiche – Lesen, Mathematik und Naturwissenschaften – sehr differenziert erfasst, ist es möglich, Stärken und Schwächen von Jungen und Mädchen für die einzelnen Fächer nicht nur detailliert zu analysieren, sondern zusätzlich die Ergebnisse jeweils aufeinander zu beziehen.

Bei PISA können die Geschlechterunterschiede auf verschiedenen Ebenen betrachtet werden: Man kann sie aus internationaler oder nationaler Perspektive analysieren, die drei Kompetenzbereiche in den Blick nehmen oder Unterschiede in den einzelnen Schulformen untersuchen. Schwerpunkt dieses Kapitels werden Geschlechterunterschiede in den Naturwissenschaften sein, wobei die Ergebnisse für die anderen Kompetenzbereiche nicht außer Acht gelassen werden sollen. Eine angemessene Einschätzung der naturwissenschaftlichen Befunde kann nur dann gelingen, wenn Übereinstimmungen und Abweichungen mit den Ergebnissen der Lese- und Mathematikuntersuchungen verdeutlicht und zumindest im Ansatz erklärt werden können. Im Vergleich mit früheren Schulleistungsstudien ähnlicher Größenordnung bietet die PISA-Untersuchung den enormen Vorzug, eine Vielzahl unterschiedlicher Kennwerte von denselben Schülern analysieren zu können. Dazu gehören nicht nur die erwähnten Kompetenzbereiche, sondern auch motivationale Merkmale und Daten über ihre bisherige Schullaufbahn. Kompetenzunterschiede zwischen Jungen und Mädchen können somit auch vor dem Hintergrund nicht leistungsbezogener Daten analysiert und diskutiert werden. Auf diesem Weg werden die Ergebnisse für die Naturwissenschaften um übergreifende Ergebnisse und Fragestellungen angereichert. Zunächst werden jedoch die Ergebnisse aus internationaler Perspektive betrachtet.

6.1 Geschlechterunterschiede im internationalen Vergleich

Die Abbildung 6.1 zeigt die Unterschiede zwischen Jungen und Mädchen für eine Reihe von Teilnehmerstaaten der PISA-Studie in den drei Kompetenzbereichen Lesen, Mathematik und Naturwissenschaften. Auf den ersten Blick erkennbar ist, dass die Mädchen in allen Ländern deutlich bessere Leseleistungen erzielen[1]. Der Vorsprung gegenüber den Jungen beträgt mindestens 20 Punkte, erreicht in Finnland sogar mehr als 50 Punkte. Im Durchschnitt aller Teilnehmerstaaten schneiden die Mädchen um 32 Punkte besser ab. In Mathematik hingegen erbringen die Jungen in so gut wie allen Staaten bessere Leistungen als die Mädchen; im Durchschnitt ist die Leistung für die Jungen um 11 Punkte höher. Der Unterschied zwischen Jungen und Mädchen ist also sehr viel geringer ausgeprägt als im Leseverständnis. In einigen Ländern – wie zum Beispiel Japan und dem Vereinigten Königreich – ist dieser sogar so gering, dass er nicht mehr statistisch bedeutsam ist.

Für die Naturwissenschaften ist überhaupt kein eindeutiger Geschlechtervorteil erkennbar: In einigen Staaten erzielen die Jungen bessere Leistungen, in einigen die Mädchen. Im Mittel besteht keine bedeutsame Leistungsdifferenz, und die Größe der Leistungsunterschiede zwischen Jungen und Mädchen ist im Vergleich mit den anderen beiden Kompetenzen gering. Nur in drei der insgesamt 28 teilnehmenden OECD-Ländern sind die festgestellten Leistungsunterschiede in der naturwissenschaftlichen Grundbildung von statistischer Bedeutsamkeit, ist also von einem „echten" Unterschied zwischen Jungen und Mädchen auszugehen. Dabei schneiden in zwei Ländern die Jungen besser ab (Dänemark und Österreich), in einem die Mädchen (Neuseeland). In allen anderen Ländern ist eine gleich große Naturwissenschaftskompetenz für beide Geschlechter anzunehmen, das heißt, die ermittelten Unterschiede können zufälliger Natur sein. Dagegen zeigen sich im Mathematiktest bei zwölf Staaten statistisch bedeutsame Leistungsvorteile für die Jungen, aber in keinem Land ein Vorteil für die Mädchen. Im Leseverständnis ergibt sich sogar für alle Teilnehmerstaaten der Befund, dass die Mädchen ein – auch statistisch absicherbar – besseres Ergebnis als die Jungen erzielen.

Auf internationaler Ebene sind demnach zwei bemerkenswerte Ergebnisse festzuhalten: Erstens ist der Vorsprung der Mädchen im Lesen wesentlich größer als der Vorsprung der Jungen in Mathematik (nahezu dreimal so hoch), und in den Naturwissenschaften unterscheiden sich Jungen und Mädchen über alle Teilnehmerstaaten zusammen genommen nicht in ihrer Leistung. Zweitens variieren die Geschlechterunterschiede über die OECD-Länder sehr stark – und das gilt für alle untersuchten Kompetenzbereiche.

Auffällig ist auch, dass große Geschlechterunterschiede im Lesen oftmals mit relativ geringen Differenzen in Mathematik und in den Naturwissenschaften einhergehen (z.B. Finnland und Schweden) bzw. umgekehrt (z.B. Österreich, Luxemburg und Frankreich). Das bedeutet, dass in Staaten wie Finnland oder Schweden die Mädchen über einen enormen Vorteil gegenüber den Jungen im Vergleich mit anderen Teilnehmerstaaten verfügen: ein sehr großer Vorsprung im Lesen, nur relativ geringe Rückstände in Mathema-

Jungen oder Mädchen – Wer sind die besseren Naturwissenschaftler?

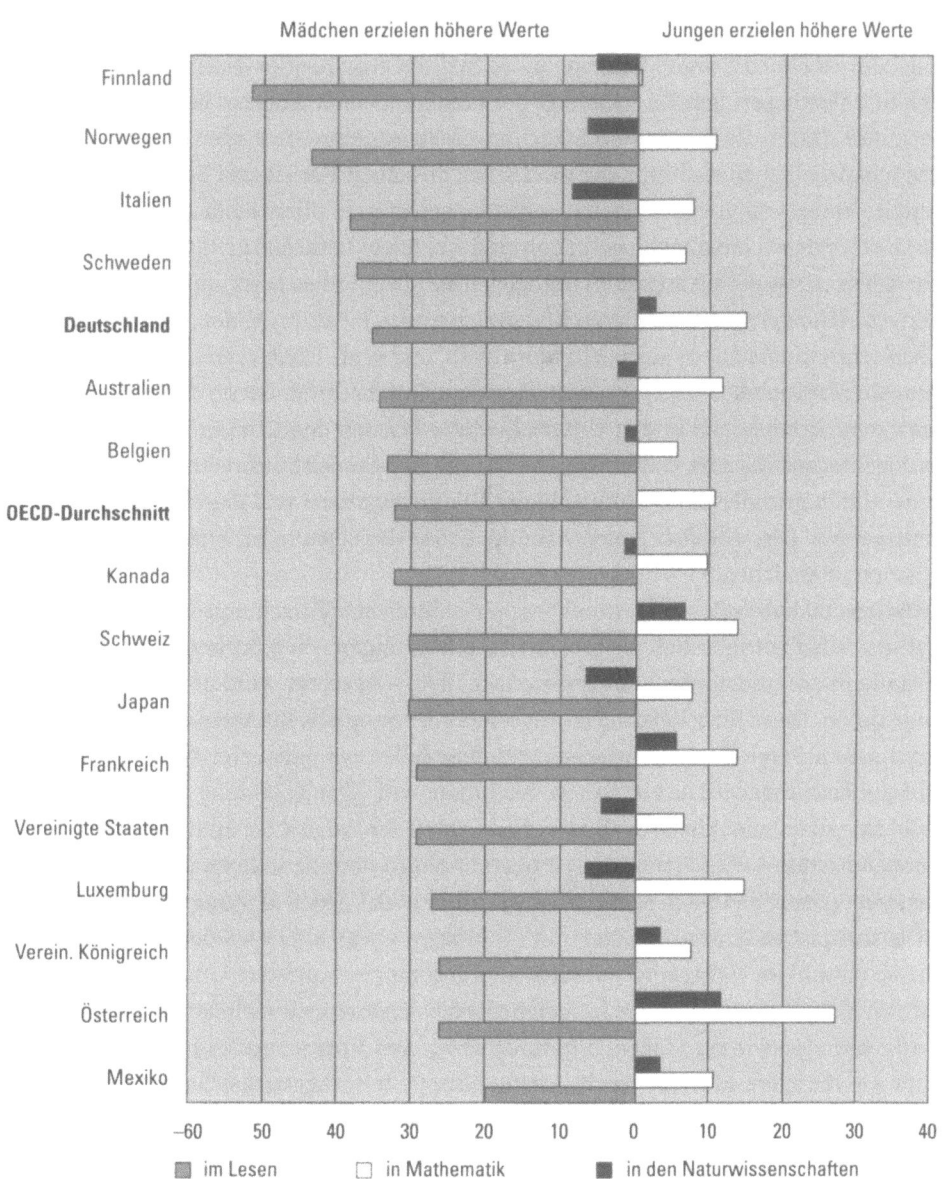

Abbildung 6.1 Mittlere Leistungsunterschiede zwischen Jungen und Mädchen im Leseverständnis, in der mathematischen und naturwissenschaftlichen Grundbildung (für ausgewählte OECD-Teilnehmerstaaten)

tik und in den Naturwissenschaften. In anderen Ländern wie zum Beispiel Österreich zeigt sich das genau entgegengesetzte Muster mit Vorteilen für die Jungen gegenüber Mädchen: erheblich bessere Leistungen im mathematisch-naturwissenschaftlichen Bereich und relativ geringer Rückstand in der Lesekompetenz. Ersterer Fall könnte darauf hindeuten, dass in diesen Ländern Mädchen effektiver gefördert werden oder bessere Bildungschancen haben, während der zweite Fall dieselben Vorteile auf Seiten der Jungen darstellt. Einige – wenn auch wenige – Länder schaffen es offensichtlich aber auch, beiden Geschlechtern ein günstiges Lernumfeld zu bieten: In diesen gelingt es, geschlechtliche Differenzen gering zu halten und gleichzeitig ein hohes Leistungsniveau zu erreichen – zum Beispiel im Vereinigten Königreich und in Japan. In beiden Ländern sind die Geschlechterunterschiede vergleichsweise klein, und beide Länder erreichen in allen drei Kompetenzbereichen Ergebnisse weit über dem Durchschnitt. Dieser Befund sowie die enorme Variationsbreite in den Unterschieden zwischen den Ländern zeigen, dass die geschlechterspezifischen Differenzen nicht notwendigerweise auftreten müssen und offenbar durch grundlegende Merkmale der Bildungssysteme und Gesellschaften beeinflusst werden. Dies gilt insbesondere für die Größe der Leistungsunterschiede zwischen Jungen und Mädchen.

Die geschilderten Befunde widersprechen zahlreichen Forschungsergebnissen insofern, als bisher vornehmlich die schwächeren Leistungen von Mädchen – insbesondere in Mathematik und in den Naturwissenschaften – beachtet wurden und Anlass zur Sorge gaben. Diese Einschätzung ist angesichts der enormen Rückstände der Jungen im sprachlichen Bereich zu relativieren. Vielmehr fallen bei genauerer Analyse sogar erhebliche Leistungsdefizite auf Seiten der Jungen auf. Wie Abbildung 6.2 verdeutlicht, ist auf internationaler Ebene der prozentuale Anteil der Jungen, die im Lesen die unterste Kompetenzstufe I erreichen, mit 23 Prozent nahezu doppelt so hoch wie der der Mädchen mit 14 Prozent. In den Naturwissenschaften ist der Anteil der Jungen in der Gruppe der leistungsschwächsten Schüler mit 18 Prozent etwas höher als der Mädchenanteil (16 %), obwohl im Mittel keine Geschlechterdifferenzen auftreten. Und trotz genereller Vorteile in Mathematik sind die Jungen unter den leistungsschwächsten Schülern gleich häufig vertreten wie die Mädchen (jeweils 18 %). Der Vorsprung der Jungen in Mathematik ist vor allem auf eine relativ kleine Gruppe leistungsstarker Schüler zurückzuführen. Betrachtet man die Geschlechterunterschiede aus der Perspektive potenzieller Risikogruppen (siehe hierzu auch die Ausführungen in Kap. 5, in diesem Band), für die zum Beispiel aufgrund nur elementar ausgeprägter Kompetenzen in den untersuchten Disziplinen erhebliche Schwierigkeiten beim Übergang in das Berufsleben zu erwarten sind, scheinen die zunehmenden Probleme männlicher Schüler (im Bereich der Lesekompetenz und am unteren Ende der Leistungsskala) ein vorrangiges Problem darzustellen (für eine ausführlichere Darstellung der internationalen Ergebnisse siehe Artelt, Schneider, & Schiefele, 2002; OECD, 2001).

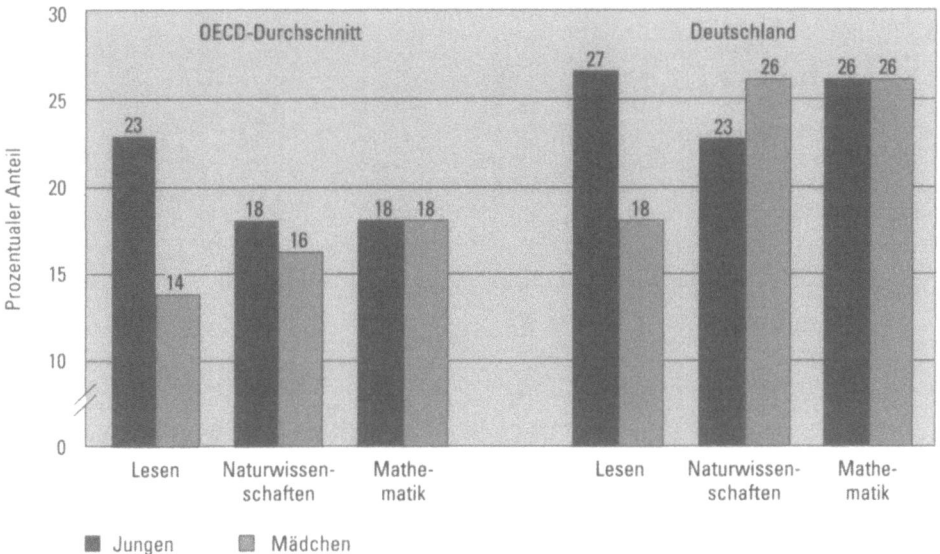

Abbildung 6.2 Anteile von Jungen und Mädchen auf der Kompetenzstufe I im OECD-Durchschnitt und in Deutschland für die Kompetenzbereiche Lesen, Naturwissenschaften und Mathematik

6.2 Geschlechterunterschiede in Deutschland

In Deutschland entsprechen die Leistungsunterschiede zwischen Jungen und Mädchen in den drei Kompetenzen relativ exakt den durchschnittlichen Geschlechterdifferenzen aller OECD-Teinehmerstaaten. Erheblich bessere Leseleistungen der Mädchen (32 Punkte Vorsprung gegenüber den Jungen) gehen mit etwas schlechteren Ergebnissen für sie in der Mathematik (11 Punkte Rückstand) einher. Für die Naturwissenschaften besteht keine Geschlechterdifferenz (siehe auch Abb. 6.1 im vorangegangenen Abschnitt). Auch für die deutschen Schüler gilt, dass die Jungen zu einem erheblich größeren Prozentsatz als die Mädchen den potenziellen Risikogruppen auf Kompetenzstufe I angehören. Abbildung 6.2 zeigt dies, wenn auch im Vergleich mit dem OECD-Durchschnitt zu erkennen ist, dass die Unterschiede zwischen Mädchen und Jungen nicht ganz so gravierend ausfallen wie auf internationaler Ebene. Für die Naturwissenschaften kehrt sich der Geschlechtereffekt sogar um. International wie national sind diese Unterschiede jedoch als gering zu betrachten. Bemerkenswert ist, dass die Anteile deutscher Schüler wie auch Schülerinnen auf der niedrigsten Kompetenzstufe deutlich größer sind als im OECD-Durchschnitt. Somit treffen die Ausführungen – insbesondere zum hohen Anteil der Jungen unter den leistungsschwächsten Schülern – aus dem vorangegangenen Abschnitt gleichermaßen auf die deutsche Stichprobe zu.

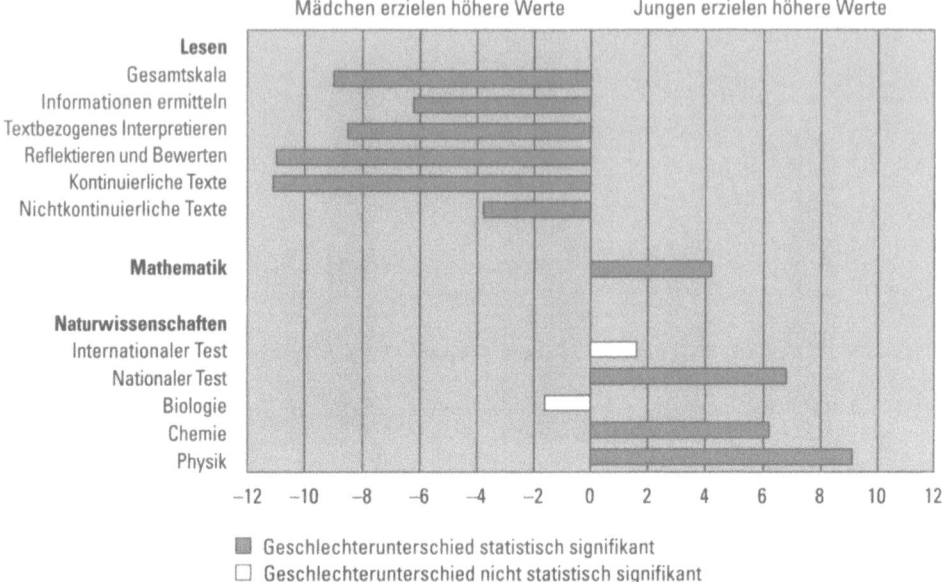

Abbildung 6.3 Leistungsunterschiede in Teilbereichen der Kompetenzen Lesen, Mathematik und Naturwissenschaften

Ergänzt man diese internationale Perspektive um die Befunde der nationalen Tests, ergeben sich weitere aufschlussreiche Details über spezifische Stärken und Schwächen deutscher Schüler. Diese Ergebnisse sind in Abbildung 6.3 im Überblick dargestellt.

Vergleicht man beispielsweise die Ergebnisse des internationalen Naturwissenschaftstests mit dem nationalen deutschen Zusatztest, zeigt sich, dass die Jungen im nationalen Testteil deutlich bessere Leistungen erzielen als die Mädchen. Für den internationalen Test ist der Vorteil der Jungen nur sehr gering und unbedeutend.

Im Einzelnen heisst das, dass die Mädchen die Aufgaben des internationalen Tests wesentlich besser lösen als die des nationalen Teils. Erklärungen für diesen Unterschied findet man bei der Aufgabenkonstruktion: Die internationalen Aufgaben sind stark am Verständnis von *Life Science* orientiert. Sie fragen ein übergreifendes naturwissenschaftliches Wissen ab, das auf konkrete Situationen im Leben bezogen ist, und zeichnen sich durch viele Fragen im medizinischen und biologischen Bereich aus. Aus früheren Schulleistungsstudien ist bereits bekannt, dass Mädchen in diesem Bereich relativ gute und bessere Leistungen erzielen als zum Beispiel bei Physikaufgaben. Der nationale Zusatztest hingegen ist stärker am Unterrichtsstoff der einzelnen naturwissenschaftlichen Unterrichtsfächer Physik, Biologie und Chemie angelehnt und enthält entsprechend der Fächeraufteilung nur zu gut einem Drittel Biologiefragen.

Dadurch haben die Mädchen zu den internationalen Aufgaben einen besseren Zugang. Eine Aufschlüsselung der einzelnen Fächer macht klar, dass die Geschlechterunterschiede in Biologie kaum relevant sind. Die Mädchen schneiden dort sogar ge-

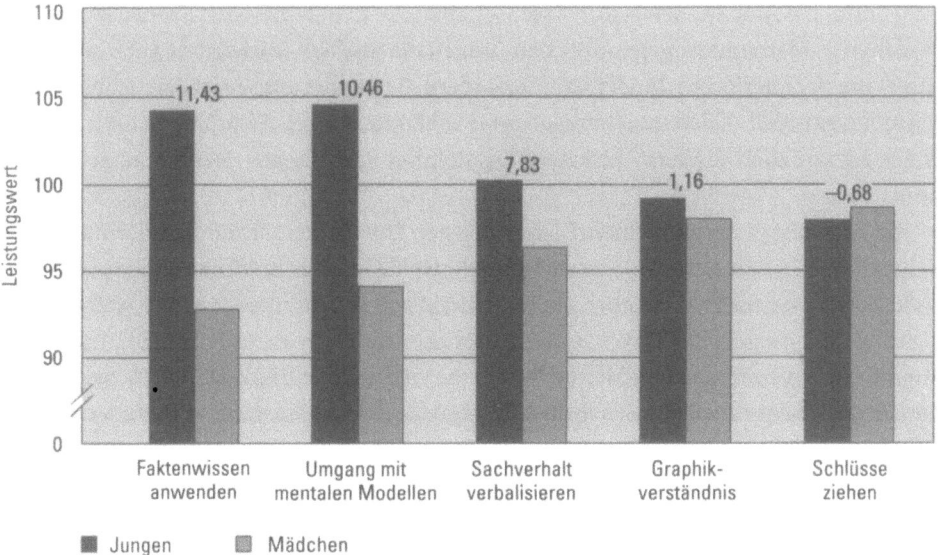

Die Werte über den Balken geben den jeweiligen Leistungsvorsprung der Jungen gegenüber den Mädchen an.

Abbildung 6.4 Leistungsunterschiede zwischen Jungen und Mädchen in den kognitiven Kompetenzen

ringfügig besser ab als ihre männlichen Schulkameraden, auch wenn dieser Unterschied ohne statistische Bedeutsamkeit ist. In den Disziplinen Chemie und Physik erbringen die Jungen dafür deutlich bessere Leistungen. Geschlechterunterschiede im PISA-Naturwissenschaftstest ergeben sich demnach für die Fächer Chemie und Physik.

Außerdem verstärkt bzw. verringert die Art der Aufgabenkonstruktion die Geschlechterunterschiede. In Kapitel 3 dieser Veröffentlichung werden Gründe für die detaillierte Analyse kognitiver Teilkompetenzen erläutert. Auch im Hinblick auf Geschlechterunterschiede erhoffte man sich durch die Untersuchung dieser Teilkompetenzen zusätzliche Erklärungen. Und tatsächlich gibt es hier einige interessante Ergebnisse, wie die Abbildung 6.4 demonstriert: Der Leistungsvorsprung der Jungen ist besonders groß, wenn es zur Lösung der Aufgabe erforderlich ist, Faktenwissen aus dem Gedächtnis abzurufen und anzuwenden oder ein mentales Modell heranzuziehen.

Beim Verbalisieren naturwissenschaftlicher Sachverhalte sind die Unterschiede zwischen Jungen und Mädchen weniger ausgeprägt, bei der Interpretation von Graphiken und Diagrammen sowie beim Ziehen von Schlussfolgerungen aus gegebener Information werden überhaupt keine bedeutsamen Geschlechterunterschiede sichtbar. Die eben beschriebenen geschlechterspezifischen Stärken und Schwächen lassen sich auch in den detaillierten Ergebnissen zum Lesen und zur Mathematik wiederfinden. Abbildung 6.4 zeigt, dass der Leistungsvorsprung der Mädchen im Leseverständnis nur relativ klein ist, wenn man nur die nichtkontinuierlichen Texte berücksichtigt. Diese zeichnen sich unter anderem durch den Gebrauch von Tabellen und Graphiken aus, also einer Darstellungsform, die auch für den Naturwissenschaftsunterricht typisch ist. Ebenso weisen die Mädchen in Mathematik gegenüber den Jungen die größten Rückstände auf, wenn Aufgaben ein rechnerisches Modellieren erfordern. Modellierungsaufgaben scheinen für Mädchen generell – also unabhängig vom Fachkontext – relativ problematisch zu sein (siehe hierzu auch die ausführlichere Darstellung von Klieme, Neubrand, & Lüdtke, 2001).

Die Ergebnisse der einzelnen Fächer belegen für die deutschen Schülerinnen und Schüler, dass in den Naturwissenschaften sehr wohl Geschlechterunterschiede bestehen – auch wenn sie nicht so deutlich zu Tage treten wie im Lesen oder in der Mathematik. Geschlechterspezifische Stärken und Schwächen lassen sich ebenso über die Analyse der kognitiven Teilkompetenzen identifizieren, die sich auch in den anderen Fächerleistungen niederschlagen, wie die erwähnten Ergebnisse in Mathematik und im Lesen gezeigt haben. Schließlich verdeutlichen die unterschiedlichen Ergebnisse in den Teilkompetenzen und -disziplinen aber auch, dass Leistungsvergleiche zwischen Jungen und Mädchen nur dann angemessen zu bewerten sind, wenn die jeweiligen Aufgabenarten und Testkonzeptionen berücksichtigt werden. Dies zeigt sich nicht nur in den unterschiedlichen Geschlechterdifferenzen zwischen internationalem und nationalem Naturwissenschaftstest, sondern auch beim Leseverständnis (siehe obere Hälfte der Abb. 6.3). Je nachdem, welche Anforderungen im Umgang mit dem Textmaterial verbunden waren, fallen die Leistungsvorteile für die Mädchen mehr oder weniger deutlich aus. Ist das Ziel die Verminderung solcher Geschlechterdifferenzen, bilden detaillierte Ergebnisse dieser Art eine wichtige Grundlage für die Ableitung von Maßnahmen.

6.3 Geschlechterunterschiede im innerdeutschen Ländervergleich

Beim deutschen Ländervergleich sind sehr ähnliche Effekte wie auf internationaler Ebene zu beobachten, wie Abbildung 6.5 demonstriert. In allen untersuchten Bundesländern sind bedeutsame Leistungsvorteile für die Mädchen im Lesen zu beobachten. Die Leistungen im Bereich Mathematik fallen hingegen zu Gunsten der Jungen aus, während es die geringsten Geschlechterdifferenzen in den naturwissenschaftlichen Leistungen gibt. Einziger Unterschied ist, dass die Jungen in den Naturwissenschaften durchgehend etwas besser sind. Einschränkend ist hier anzumerken, dass dieser Unterschied nur in sechs Ländern von statistischer Bedeutsamkeit ist. Im Wesentlichen ergeben sich zwischen den Ländern also die gleichen Zusammenhänge für die Disziplinen wie zwischen den OECD-Teilnehmerstaaten.

Die Spannbreite der Differenz im Lesen und der Mathematik variiert zwischen den einzelnen Bundesländern erheblich, und so reicht der Vorsprung der Mädchen im Lesen von über 30 Punkten in Brandenburg und Bayern bis zu weniger als 15 Punkten im Saarland. Dafür liegen die Jungen im Saarland mit 30 Punkten in ihren Mathematikleistungen weit vor den Mädchen, in Bremen und Bayern sind hier die Geschlechterdifferen-

Jungen oder Mädchen – Wer sind die besseren Naturwissenschaftler?

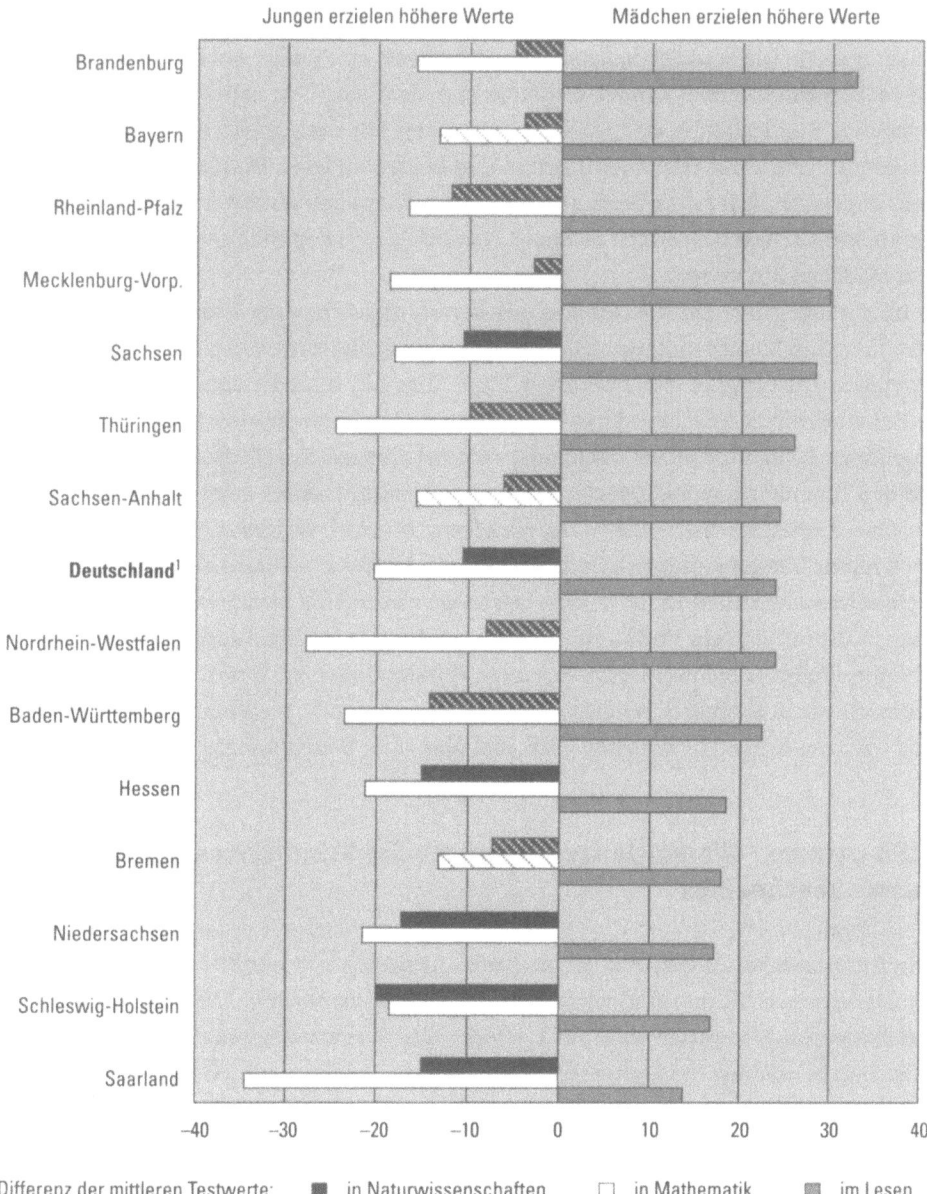

Differenz der mittleren Testwerte: ■ in Naturwissenschaften □ in Mathematik ▨ im Lesen

Nicht signifikante Unterschiede werden durch schraffierte Flächen gekennzeichnet.

[1] Ohne Berlin und Hamburg: Berlin und Hamburg mussten wegen zu geringer Schülerbeteiligung vom Vergleich ausgeschlossen werden.

Abbildung 6.5 Leistungsunterschiede zwischen Mädchen und Jungen der 9. Klassenstufe im Gesamttest Lesen, in Mathematik und in Naturwissenschaften nach Ländern der Bundesrepublik (Differenz der mittleren Testwerte)

zen am geringsten. Lediglich geringe Unterschiede weisen die naturwissenschaftlichen Leistungen auf; sie betragen in keinem Land mehr als 20 Punkte. Abbildung 6.5 wie auch die soeben aufgezählten Länder verdeutlichen, dass auch auf nationaler Ebene für die einzelnen Bundesländer der Effekt festzustellen ist, dass große Geschlechterunterschiede im Lesen mit relativ geringen in den beiden anderen Disziplinen einhergehen und umgekehrt. Wie schon beim internationalen Vergleich vermutet wurde, könnte dieses Muster auf unterschiedlich positive Lernumfelder in den Bundesländern für Jungen und Mädchen hinweisen.

Im vorangegangenen Abschnitt wurde bereits erläutert, dass detaillierte Informationen über Geschlechterunterschiede nur dann ermittelt werden können, wenn man die jeweiligen Leistungsbereiche berücksichtigt. Dies gilt insbesondere für die Naturwissenschaften mit den Fächern Physik, Biologie und Chemie sowie der Unterteilung in die kognitiven Teilkompetenzen. Dementsprechend wurden diese Differenzierungen auch auf den innerdeutschen Ländervergleich angewendet. Hierbei zeigt sich, dass sich die Geschlechterunterschiede, die auf Bundesebene ermittelt wurden (siehe auch Abb. 6.3), auch relativ übereinstimmend in den einzelnen Ländern wiederfinden lassen. Für Biologie zeigt sich in allen Ländern kein Leistungsunterschied zwischen Jungen und Mädchen, während sich ein Vorteil zu Gunsten der Jungen in allen Ländern für Physik und Chemie ergibt. Gleichwohl gibt es einige Bundesländer, in denen die Geschlechterunterschiede in allen drei Teildisziplinen recht gering (z.B. Mecklenburg-Vorpommern und Sachsen-Anhalt) bzw. relativ groß ausfallen (z.B. Baden-Württemberg).

6.4 PISA paradox? Warum Jungen innerhalb der Schulformen immer besser abschneiden

Um Ansatzpunkte zu erhalten, die zu einem Ausgleich von geschlechterbezogenen Benachteiligungen führen, sind weitere Detailanalysen notwendig. Die bisher geschilderten Auswertungen weisen zwar auf systematische Benachteiligungen von Jungen bzw. Mädchen in bestimmten Kompetenzbereichen hin, jedoch sagen sie nichts darüber aus, inwieweit auch im Unterricht Geschlechterunterschiede anzutreffen sind. Wichtig ist demnach herauszufinden, wie erfolgreich diese Benachteiligungen auf Unterrichtsebene ausgeglichen werden. Einen Anhaltspunkt hierfür bieten in stark gegliederten Bildungssystemen, wie es auch in Deutschland anzutreffen ist, Leistungsunterschiede zwischen Jungen und Mädchen innerhalb der verschiedenen Schulformen.

Dabei erscheinen die in Abbildung 6.6 dargestellten Geschlechterunterschiede in Mathematik und in den Naturwissenschaften zunächst einmal paradox. Die Jungen erreichen bis auf wenige Ausnahmen in jeder Schulform statistisch bedeutsam bessere Leistungen als die Mädchen. Und dieser Leistungsvorsprung zeigt sich auch in den Tests und in den Fächern, für die auf Gesamtebene kein Geschlechterunterschied festgestellt werden konnte – also zum Beispiel im internationalen Naturwissenschaftstest und in Biologie für die Realschule und das Gymnasium. In Biologie dreht sich die Geschlechter-

Jungen oder Mädchen – Wer sind die besseren Naturwissenschaftler?

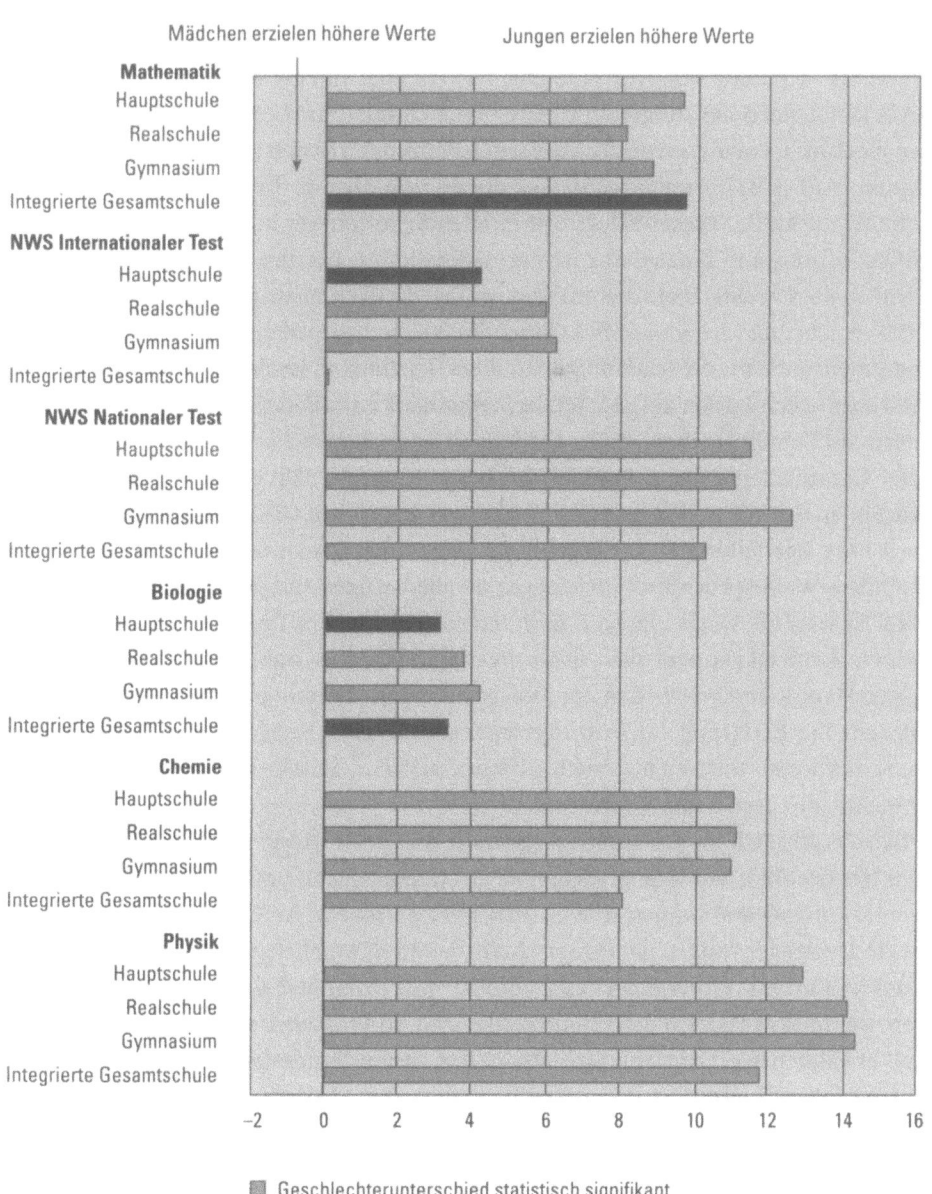

Abbildung 6.6 Leistungsunterschiede zwischen Jungen und Mädchen in Mathematik und in Naturwissenschaften nach Bildungsgängen (Differenz der mittleren Testwerte; nationale Metrik mit M = 100, SD = 30)

differenz sogar um: Während über alle Schulformen hinweg die Mädchen einen kleinen Leistungsvorsprung von knapp 2 Punkten haben (siehe hierzu die Leistungsunterschiede zwischen Jungen und Mädchen in Abb. 6.3), weisen nun die Jungen in jeder Schulform ein um fast 4 Punkte besseres Ergebnis auf. Darüber hinaus vergrößern sich die Abstände zu Gunsten der Jungen in Chemie und Physik. Für die Gesamtstichprobe (also über alle Schulformen) betrug der Vorsprung der Jungen etwa 6 (Chemie) bzw. 9 Punkte (Physik). Auf Schulformebene beträgt dieser nun aber mehr als 10 (Chemie) bzw. 12 Punkte (Physik). Dieser Effekt tritt in allen Schulformen in erstaunlich konstanter Größenordnung auf. Einzige Ausnahme bilden die Integrierten Gesamtschulen. In diesen fallen die Geschlechterdifferenzen zum Teil deutlich niedriger aus.

Dieser scheinbar paradoxe Effekt beschränkt sich nicht auf die Naturwissenschaften, sondern gilt auch für die Mathematik- und Leseleistungen. In diesen Disziplinen ist der Effekt sogar noch stärker ausgeprägt. In Mathematik zum Beispiel ist der Vorsprung der Jungen auf Schulformebene mehr als doppelt so groß (durchschnittlich 9 Punkte) wie in der Gesamtstichprobe (4 Punkte). Im Lesen hingegen fällt der Leistungsvorteil der Mädchen in jeder Schulform erheblich geringer aus als auf Gesamtebene (für eine ausführlichere Darstellung dieser Ergebnisse siehe auch Stanat & Kunter, 2003). Dieser scheinbare Widerspruch im Vergleich zu den bisherigen Ausführungen kann dadurch aufgelöst werden, wenn man die Bildungsbeteiligung von Jungen und Mädchen betrachtet. Damit ist gemeint, dass sich Jungen und Mädchen auf die untersuchten Schulformen Haupt-, Integrierte Gesamt-, Realschule und Gymnasium sehr unterschiedlich verteilen. Zur Erklärung der Leistungsunterschiede zwischen Jungen und Mädchen in den Schulformen müssen also auch Differenzen beim Schulbesuch und der gesamten Schullaufbahn berücksichtigt werden.

Dabei ergibt sich für die 9. Jahrgangsstufe, die für PISA von vorrangiger Bedeutung ist, folgendes Bild: Von den Mädchen der 9. Jahrgangsstufe gehen 36 Prozent auf ein Gymnasium, bei den Jungen sind es lediglich 29 Prozent. Im Gegensatz dazu besucht fast ein Drittel der Jungen die Hauptschule, bei ihren weiblichen Alterskameraden sind es nur 23 Prozent. Etwas anders ausgedrückt: 56 Prozent der Gymnasiasten sind Mädchen, während 55 Prozent der Hauptschüler und 69 Prozent der Sonderschüler Jungen sind. Erwähnenswert ist weiterhin, dass in den neuen Bundesländern wesentlich weniger Jungen ein Gymnasium besuchen als in den alten Ländern. Abbildung 6.7 verdeutlicht diesen Sachverhalt: Während in Hamburg der Anteil von Jungen im Erhebungszeitraum 48 Prozent betrug, lag er in Mecklenburg-Vorpommern und Brandenburg unter 43 Prozent. In allen neuen Bundesländern zeigt sich dieser Trend. Insgesamt sind Mädchen auf den leistungsstärkeren Schulformen (Gymnasium und Realschule) deutlich häufiger anzutreffen als Jungen, während sie auf den leistungsschwächeren Schulformen (z.B. Hauptschule und Sonderschule) dagegen weniger vertreten sind.

Von daher ist der scheinbar paradoxe Effekt schnell erklärt: Da deutlich mehr Mädchen als Jungen die leistungsstarken Schulformen Realschule und Gymnasium besuchen, steigen ihre Leistungswerte im Vergleich zu den Jungen, wenn alle Schülerinnen und Schüler über die Schulformen hinweg betrachtet werden. Dieser Vorteil ver-

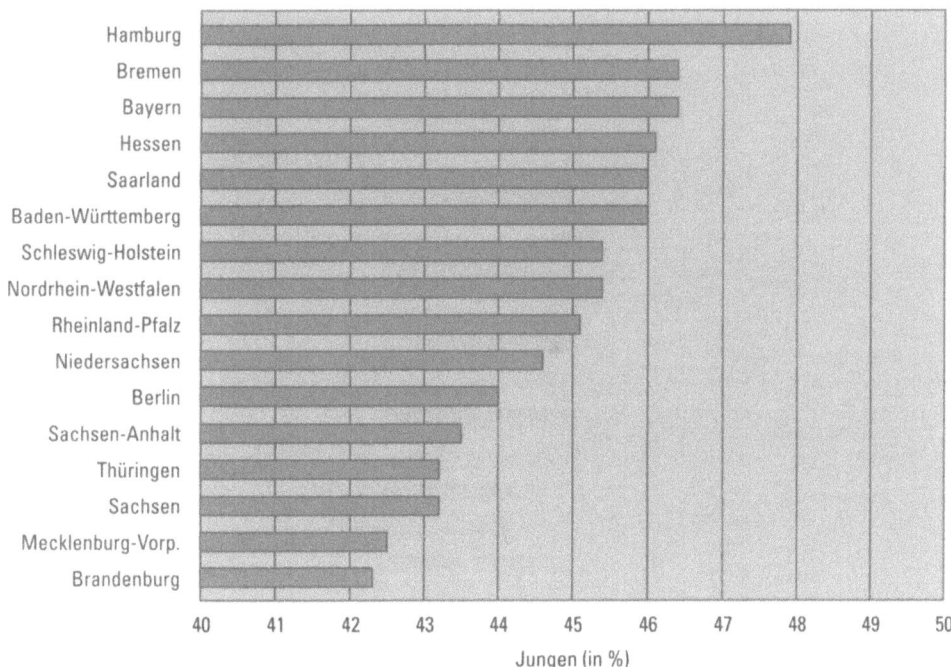

Quelle: Köhler, H. (in Vorb.). Länderprofile der Schulentwicklung.

Abbildung 6.7 Jungenanteil in 9. Klassen der Gymnasien nach Ländern der Bundesrepublik (in %)

schwindet bei Betrachtung der einzelnen Schulform. Die prozentuale Gewichtung von Jungen und Mädchen spielt hier keine Rolle, und es werden in einfacher Weise die Leistungen von Jungen und Mädchen verglichen. Und dabei zeigt sich für die Naturwissenschaften und die Mathematik, dass die Jungen innerhalb einer Schulform gegenüber den Mädchen deutliche Vorteile aufweisen. Im Leseverständnis zeigt sich dementsprechend eine Annäherung der Leistung zwischen den Geschlechtern.

Die Geschlechterdifferenzen innerhalb der Schulformen besitzen über die Erklärung des „scheinbar paradoxen Effekts" hinaus Bedeutsamkeit. Erstens: Auf Schul- und Unterrichtsebene zeigen sich für die Mädchen also deutlichere Benachteiligungen (insbesondere in den Naturwissenschaften und in der Mathematik), als es die Ergebnisse für die Gesamtstichprobe vermuten lassen. Dabei gelingt es in keinem Bundesland, diese Geschlechterunterschiede auf Schulebene auszugleichen. Wie in Abbildung 6.8 zu erkennen ist, sind insbesondere die Geschlechterdifferenzen in Mathematik, aber auch in den Naturwissenschaften enorm. Das bedeutet, dass sich die oftmals beschriebenen Defizite der Mädchen in diesen beiden Fächern weniger auf der Gesamtebene wiederfinden lassen, sondern vielmehr auf Schul- und Unterrichtsebene (vertiefend hierzu siehe auch Stanat & Kunter, 2003). Zweitens: Dass Jungen auf den leistungsschwächeren Schulformen im Vergleich zu den Mädchen so stark überrepräsentiert sind, unterstützt die be-

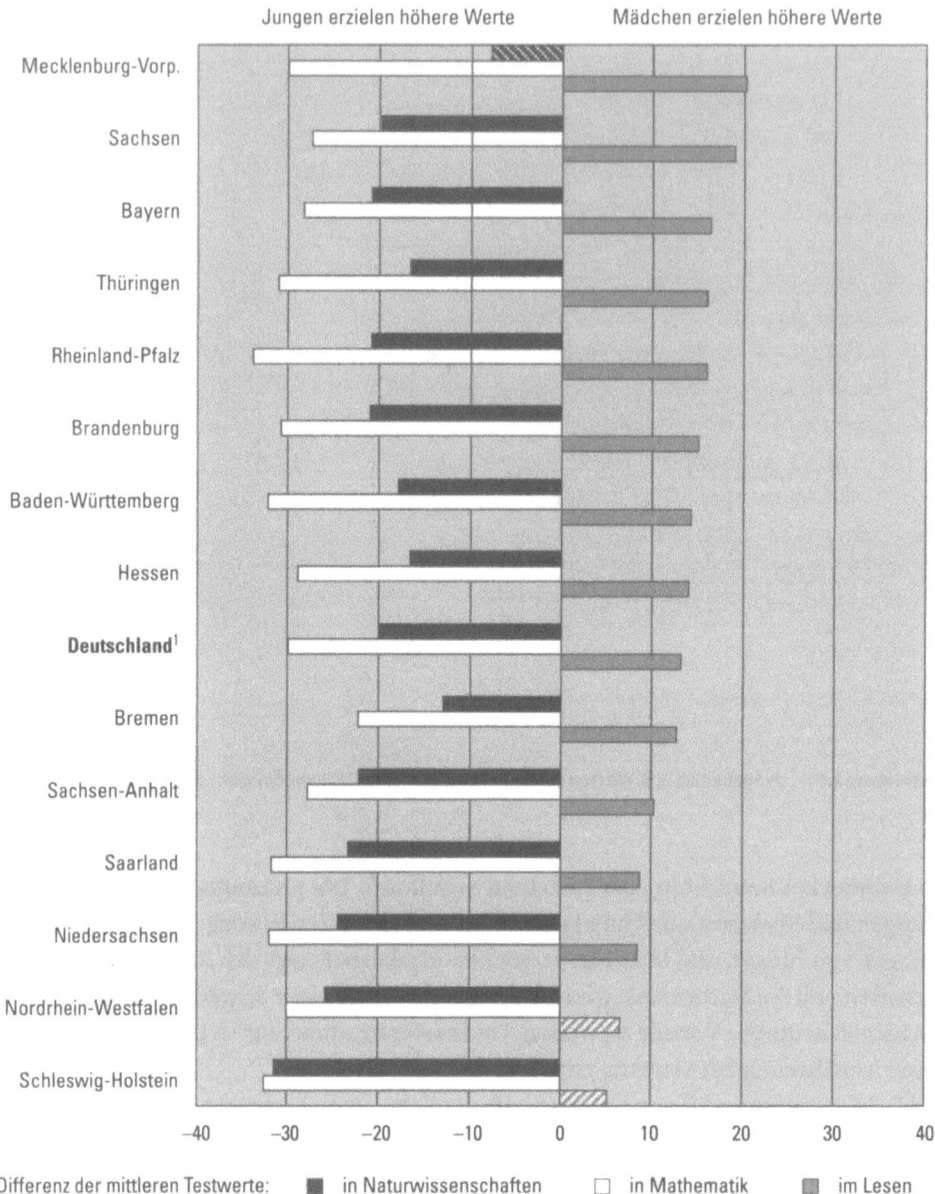

Abbildung 6.8 Leistungsunterschiede zwischen Mädchen und Jungen der 9. Klassenstufe im Gesamttest Lesen, in Mathematik und in Naturwissenschaften innerhalb von Schulen nach Ländern der Bundesrepublik (durchschnittliche Differenzen der mittleren Testwerte auf Schulebene)

reits oben erwähnte Vermutung, dass die leistungsschwachen Jungen möglicherweise ein größeres Problem darstellen als die Defizite der Mädchen in bestimmten mathematisch-naturwissenschaftlichen Disziplinen.

Kausale Erklärungen für die Geschlechterunterschiede in den Schulformen und der Bildungsbeteiligung liefert PISA nicht – doch es lassen sich erste Anhaltspunkte aufzeigen, wenn man Ergebnisse früherer Schulleistungsstudien mit berücksichtigt: Schaut man, wer nach der Grundschule das Gymnasium besucht, sind dies mehr Mädchen als Jungen. Bei der Entscheidung, auf welche Schule ein Schüler nach der Grundschule geht, spielen besonders sprachliche Fähigkeiten – also die Deutschnote – eine Rolle. Da Jungen in ihrer verbalen Kompetenz deutlich hinter den Mädchen zurückliegen und diese ausschlaggebend ist für einen Schulwechsel auf das Gymnasium, findet man hier eine Erklärung für die geringere Anzahl von Jungen auf dem Gymnasium. Die Geschlechterdifferenzen im Gymnasiumsbesuch zwischen den Bundesländern können möglicherweise darauf zurückgeführt werden, dass die Länder in der sprachlichen Förderung von Jungen in Grundschulen unterschiedlich erfolgreich sind oder dass bei Übergangsentscheidungen Leistungen unterschiedlich gewichtet werden. Nur spekulieren kann man darüber, ob möglicherweise das Sozialverhalten von Jungen eine Rolle spielt. Hier weiß man aus PISA und aus früheren Studien, dass in den neuen Ländern, in denen der Jungenanteil an den Gymnasien relativ gering ist, die Jungen tendenziell niedrigere Werte im Bereich der sozialen Lernziele aufweisen als die Mädchen (für vertiefende Informationen siehe auch Stanat & Kunter, 2001, 2003).

Die hier beschriebenen geschlechterspezifischen Muster in der Bildungsbeteiligung sind kein spezifisch deutsches Phänomen. Analysen im Rahmen des internationalen PISA-Vergleichs ergaben übereinstimmend für alle Länder, deren Bildungssysteme unterschiedliche Schulzweige aufweisen (16 von 28 teilnehmenden OECD-Staaten), dass Mädchen in höherem Anteil als Jungen anspruchsvollere oder hochschulorientierte Bildungsprogramme besuchen. In allen diesen Ländern ist dementsprechend der Anteil der Mädchen, die die Hochschulreife erlangen, größer als der der Jungen.

6.5 Fazit

Was sind nun aber die Hauptergebnisse dieses Kapitels? Die Mädchen sind weder die besseren noch die schlechteren Naturwissenschaftler im Vergleich mit den Jungen, dafür etwas schlechter in Mathematik und deutlich besser im verbalen Bereich. Diese Aussage gibt die tatsächlichen Unterschiede jedoch nur oberflächlich wieder, wenn man die differenzierten Analysen betrachtet. Vielmehr hat sich gezeigt, dass die Größenordnung und Bedeutung der Leistungsunterschiede maßgeblich vom Blickwinkel abhängen. Wichtig erscheinen vor allem eine differenzierte Betrachtung der einzelnen Fachdisziplinen Physik, Biologie und Chemie sowie eine Unterscheidung in verschiedene Teilkompetenzen. Die hierbei festgestellten Stärken und Schwächen, zum Beispiel bei Modellierungsaufgaben für die Mädchen, sind offenbar von fachübergreifender Bedeutung und lassen sich auch in der Mathematik und im Leseverständnis wiederfinden. Ebenso scheint man sich daran gewöhnen zu müssen, scheinbar widersprüchliche Befunde zu Geschlechterunterschieden integrieren zu müssen. Auf Gesamtebene stehen die Mädchen in allen drei untersuchten Kompetenzen im Vergleich mit den Jungen relativ gut dar. Bei der Suche nach geschlechterspezifischen Defiziten rücken vielmehr die männlichen Schüler in den Blickpunkt. Eine erheblich größere Anzahl Jungen als Mädchen mit nur rudimentären Kompetenzen in den grundlegenden Kulturtechniken, erhebliche Rückstände der männlichen Schüler in der Bildungsbeteiligung und im verbalen Bereich sollen an dieser Stelle als Stichworte genügen. Auf Schulebene scheint sich das Bild umzukehren. Hier zeigen sich ein deutlicher Vorsprung der Jungen in den mathematisch-naturwissenschaftlichen Fächern und sehr viel geringere Defizite im Lesen gegenüber den Mädchen. Diese Ergebnisse zeigen, dass es keine einfachen Antworten gibt bzw. die jeweils richtige Antwort eine angemessene Perspektive erfordert. Je nach Fragestellung, zum Beispiel Geschlechterunterschiede im internationalen Vergleich oder auf Schulebene in Deutschland, können Leistungsunterschiede zwischen Jungen und Mädchen also „etwas unterschiedlich" ausfallen. Dieser Sachverhalt ist in allen Diskussionen, die sich mit der Verminderung von geschlechtlichen Differenzen beschäftigen, zu berücksichtigen.

Die Frage nach den Ursachen der Leistungsunterschiede von Jungen und Mädchen kann anhand der PISA-Daten nur ansatzweise beantwortet werden. Dies war auch kein beabsichtigtes Ziel der Studie. Hierzu muss auf frühere Studien verwiesen werden (für einen genaueren Überblick siehe auch Stanat & Kunter, 2001, 2003).

Anmerkung

[1] In der Abbildung 6.1 sind der besseren Übersicht wegen nicht alle Teilnehmerstaaten abgetragen. Es wurden vornehmlich diejenigen Länder berücksichtigt, die aus deutscher Perspektive besonders interessante Vergleichsdaten liefern (z.B. die deutschsprachigen Länder Österreich und Schweiz) bzw. das Leistungsspektrum gut repräsentieren.

7 Ost-West-Unterschiede – Eine Frage der Lernkulturen?

Sowohl der internationale Naturwissenschaftstest als auch der nationale Zusatztest (siehe Kap. 3, in diesem Band) wurden einer erweiterten Stichprobe von insgesamt 48.000 Schülern vorgegeben, der so genannten PISA-E-Stichprobe. Das Ziel dieser Aufstockung der Normalstichprobe *(oversampling)* war es, detailliertere Befunde über die Besonderheiten in den einzelnen Bundesländern zu erhalten. Dabei geht es nicht primär um ein Länder-*Ranking*, also die Frage, welches Bundesland die besseren Leistungswerte im Vergleich zu anderen Bundesländern hat. Vielmehr lassen sich über den Vergleich von Leistungswerten und anderen Charakteristika der Länder Aufschlüsse über Faktoren der Wirksamkeit unseres Schulsystems gewinnen. Eine solche Analyse wurde bereits in Kapitel 5 vorgenommen, wo es um die Zusammenhänge von familiärem Hintergrund und Testleistung ging.

Es gibt deutliche Unterschiede zwischen den Bundesländern im Bereich der naturwissenschaftlichen Grundbildung. Die folgende Abbildung 7.1 zeigt die Ländermittelwerte und scheint auf den ersten Blick diejenigen zu bestätigen, die ein „Nord-Süd-Gefälle" im Bildungsbereich erwartet haben. Tatsächlich haben Bayern und Baden-Württemberg die höchsten Testergebnisse.

Das Bild eines Nord-Süd-Gefälles wird jedoch allein schon vom nördlichsten Bundesland, Schleswig-Holstein, gestört, das im Kanon der alten Bundesländer den dritthöchsten Leistungswert im Bereich der Naturwissenschaften aufweist. Das überraschende Ergebnis, dem dieses Kapitel auch seine Überschrift verdankt, zeigt sich jedoch in den neuen Bundesländern. Während in den alten Bundesländern die Testleistungen im nationalen und internationalen Test weitgehend übereinstimmen, klafft in den neuen Bundesländern eine deutliche Lücke zwischen beiden Testteilen. Der in allen fünf Ländern gleichlautende Befund besagt, dass die Schüler dieser Länder im nationalen Naturwissenschaftstest wesentlich besser abschneiden als im internationalen Test. Hier liegt offenbar ein Unterschied zwischen den alten und neuen Bundesländern vor, dem nachzugehen lohnenswert ist.

Unterschiede zwischen den Bundesländern gibt es auch in anderen föderalen Staaten, zum Beispiel in Kanada. Obwohl föderale Staaten ein Interesse daran haben sollten, gleichwertige Bildungschancen in ihren einzelnen Bundesstaaten zu realisieren, scheinen Unterschiede unvermeidbar zu sein. Hinsichtlich der Ost-West-Unterschiede in Deutschland ist zu bedenken, dass die 15-jährigen Schüler, die in PISA 2000 befragt

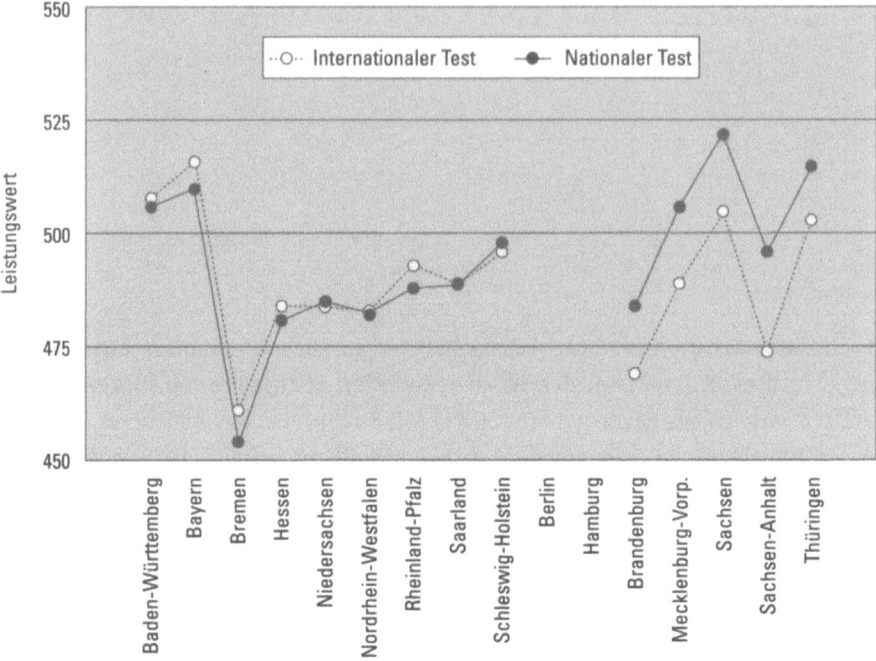

Abbildung 7.1 Länderprofile für den nationalen und internationalen Naturwissenschaftstest

wurden, ungefähr im Jahr 1990 in die Schule kamen, als gerade die deutsch-deutsche Grenze geöffnet wurde und die Wiedervereinigung erfolgte. Die Bildungsreform der Schulsysteme fand in den neuen Ländern von 1990 bis 1992 statt. Damit gehören die in PISA getesteten ostdeutschen Schüler fast zum Einstiegsjahrgang in die reformierten Bildungsgänge. Man kann nicht ohne weiteres sagen, welche Auswirkungen diese Veränderungen auf die Schüler hatten. Möglicherweise ergeben sich daraus aber Hinweise auf Ursachen der Ost-West-Unterschiede im Bereich der naturwissenschaftlichen Leistungen.

Die in Deutschland beobachteten Unterschiede betreffen weniger das *Niveau* der naturwissenschaftlichen Leistungen als vielmehr das Leistungs*profil*, das heißt die relativ höheren Leistungen im nationalen Test, verglichen mit denen im internationalen Test. Im Folgenden wird der beobachtete Ost-West-Unterschied hinsichtlich mehrerer, möglicherweise differenzierender Aspekte untersucht:
- Schulformen: Gymnasien
- Schulfächer: Biologie, Physik/Chemie und Mathematik
- Faktenwissen und andere Teilkompetenzen
- Geschlechterunterschiede
- Lernstrategien
- Institutionelle Unterschiede

Im Laufe dieser Untersuchung zeichnet sich ein Bild ab, das unterschiedliche Lernkulturen im Bereich der alten und neuen Bundesländer als Ursache der Ost-West-Unterschiede nahe legt.

Doch zunächst wird der Effekt anhand von Beispielaufgaben aus dem nationalen Test illustriert und mit dem in Kapitel 3 beschriebenen Aufgabenbeispiel des internationalen Tests verglichen.

7.1 Die Aufgaben des nationalen Naturwissenschaftstests

Ziel des nationalen Naturwissenschaftstests von PISA 2000 war es, Facetten naturwissenschaftlicher Grundbildung zu untersuchen, die der internationale Testteil nicht erhebt. So sollte der internationale Test um Aufgaben erweitert werden, die besser auf die in Deutschland unterrichteten naturwissenschaftlichen Fächer Physik, Chemie und Biologie zugeschnitten sind. Außerdem wurde mit den speziell für Deutschland konstruierten Aufgaben eine höhere Übereinstimmung mit den Lehrplänen angestrebt.

Im Folgenden sind zwei typische Aufgaben des nationalen Tests gezeigt. Eine Aufgabe entstammt dem Gebiet der Akustik aus dem Fach Physik, die zweite Aufgabe geht auf das Gebiet der Pflanzenphysiologie im Fach Biologie ein (Abb. 7.2 und 7.3).

An diesen Beispielen fällt auf, dass das Prinzip der internationalen Aufgaben, in einem längeren Einleitungstext die zur Lösung benötigte Information – gegebenenfalls in versteckter Form – zur Verfügung zu stellen, etwas gelockert wurde. Die Aufgabe „Was man so hören kann" benötigt gar keinen Einleitungstext, während die Aufgabe „Können Pflanzen ‚schwitzen'?" zwar einen solchen Einleitungstext besitzt, dieser aber nicht für jede Teilaufgabe (Item) das benötigte Wissen bereitstellt.

Die Notwendigkeit, eigenes naturwissenschaftliches Wissen in die Lösung der Aufgaben einfließen zu lassen, ist wohl die hervorstechende Eigenschaft des nationalen Tests und zugleich der wichtigste Unterschied zum internationalen Test. So muss man bei den Akustikitems wissen, dass im Weltraum keine Schallausbreitung stattfinden kann, oder man muss über ein Konzept von „Geschwindigkeit" verfügen, das auch die konkrete Berechnung einer Geschwindigkeit erlaubt. Bei der Aufgabe zur Pflanzenphysiologie lässt sich zum Beispiel nicht aus dem Text ableiten, welche Pflanzenteile an der Wasserabgabe beteiligt sind oder welche Baummerkmale dem Schutz vor hohem Wasserverlust dienen.

Eine systematische Analyse der Aufgabenmerkmale des nationalen und internationalen Tests hat ergeben, dass bei über 40 Prozent der nationalen Items terminologisches Wissen zur Lösung erforderlich ist und Faktenwissen abgerufen werden muss (Prenzel u.a., 2002). Bei den internationalen Items liegen die Prozentsätze bei 4 bzw. 18 Prozent. Daran wird auch deutlich, dass der nationale Test stärker an schulischen Prozessen der Wissensvermittlung und Lernzielkontrolle orientert ist als der internationale Test.

Tatsächlich hat sich dieser Unterschied in einer Begleitstudie zur curricularen Validität der beiden PISA-Tests bestätigt. Unter curricularer Validität versteht man das Ausmaß, in dem ein Test dasjenige Wissen erfasst, das bis zum Testzeitpunkt in der Schule

Frage: Was man so hören kann 1
Stelle dir vor, ein riesiger Gesteinsbrocken (Meteor) würde auf dem Mond einschlagen. Die Explosion beim Aufschlag wäre so gewaltig, dass man den Feuerschein auf der Erde gut sehen könnte. Wann würde man die Explosion hören? Bitte kreuze die richtige Antwort an!

☐ Gleichzeitig mit dem Feuerschein.   ☐ Lange Zeit später.
☐ Einige Sekunden später.   ☐ Überhaupt nicht.

Frage: Was man so hören kann 2
Das hast du vielleicht schon einmal probiert: Wenn man kräftig über den Rand einer leeren Flasche bläst, dann entsteht ein Ton.

Wie verändert sich der Ton, wenn man die Flasche teilweise mit Wasser auffüllt und ebenso kräftig bläst? Bitte kreuze die richtige Antwort an!

☐ Der Ton wird höher.   ☐ Die Tonhöhe ändert sich nicht.
☐ Der Ton wird tiefer.   ☐ Es kommt gar kein Ton heraus, weil nur leere Flaschen Töne von sich geben.

Frage: Was man so hören kann 3
Katrin fährt mit ihrem Fahrrad und sieht, wie dicke schwarze Wolken aufziehen. Die ersten Blitze zucken auf. Beim nächsten Blitz zählt sie die Sekunden, bis sie den Donner hört. Dies geschieht nach 9 Sekunden. Katrin schließt daraus, dass das Gewitter nur noch etwa 3 Kilometer entfernt ist.

Was kannst du daraus für die Geschwindigkeit des Schalls schließen? Die Schallgeschwindigkeit beträgt:

_____   _____
Zahlenwert   Einheit

Frage: Was man so hören kann 4
Wenn man eine Spieluhr auf eine Tischplatte stellt, dann erklingt sie lauter. Gib bitte eine kurze Begründung!

....

....

Abbildung 7.2   Fragen zur Akustikaufgabe

Können Pflanzen „schwitzen"?

Text 1
In den Sommerferien hilft Nina ihrem Vater oft in der Gärtnerei. In dieser Zeit ist dort viel zu tun. Wenn es im Juli und August sehr heiß ist, müssen die Pflanzen fast täglich gegossen werden. Mit einem Gartenschlauch gießt Nina dann viele Liter Wasser auf jedes Beet. Die Pflanzen nehmen das Wasser aus dem Boden über die Wurzeln auf. Beim Gießen hat sich Nina schon oft gefragt, was die Pflanzen mit dem ganzen Wasser tun.
Ihr Vater erklärte ihr dazu einmal, dass Pflanzen nicht nur Wasser aufnehmen, sondern auch große Wassermengen wieder abgeben. So gibt eine Maispflanze unter günstigen Bedingungen während des Wachstums so viel Wasser ab, wie in ein großes Fass hinein geht.

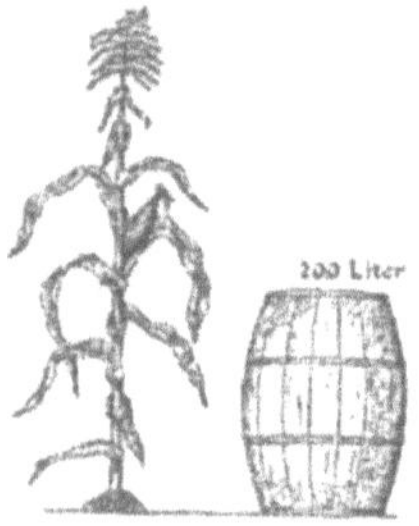

Frage: Können Pflanzen „schwitzen"? 1
Weißt du, welche Teile der Pflanze hauptsächlich an der Wasserabgabe beteiligt sind? Kreuze die richtige Antwort an!

☐ die Blüten   ☐ die Sprossachse
☐ die Laubblätter   ☐ die Früchte
☐ die Wurzeln

Können Pflanzen „schwitzen"?

Text 2
Um die Wasseraufnahme und -abgabe einer Pflanze zu verstehen, zeigte Ninas Vater ihr die folgende Graphik. Sie stellt die Wasserabgabe einer Pflanze dar, wenn sie regelmäßig ausreichend gegossen wird. Nina hat versucht, sich die Graphik selbst zu erklären.

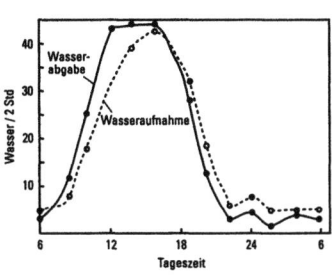

Frage: Können Pflanzen „schwitzen"? 2a
Zu welcher Tageszeit ist der Unterschied zwischen Wasseraufnahme und Wasserabgabe am größten? Kreuze bitte die richtige Antwort an!

☐ um 10 Uhr vormittags
☐ um 12 Uhr mittags
☐ um 14 Uhr mittags
☐ um 0 Uhr (Mitternacht)
☐ um 20 Uhr abends

Frage: Können Pflanzen „schwitzen"? 2b
Zu welcher Tageszeit nimmt die Pflanze genauso viel Wasser auf, wie sie auch abgibt? Kreuze bitte die richtige Antwort an!

☐ vormittags
(zwischen 6 und 10 Uhr)
☐ um die Mittagszeit
(zwischen 12 und 14 Uhr)
☐ am Nachmittag
(zwischen 16 und 18 Uhr)
☐ abends
(zwischen 20 und 22 Uhr)
☐ am frühen Morgen
(zwischen 2 und 6 Uhr)

Frage: Können Pflanzen „schwitzen"? 3
An Tagen, an denen eine Pflanze nicht ausreichend gegossen wird, gibt sie um die Mittagszeit genauso wenig Wasser ab wie in den frühen Morgenstunden bzw. in der Nacht. Wie ist die geringe Wasserabgabe der Pflanze bei schlechter Wasserversorgung zu erklären? Kreuze die richtige Antwort an!

Wenn Pflanzen nicht ausreichend mit Wasser versorgt sind,

☐ haben sie meist schon am frühen Vormittag ihre Wasserreserven über die Spaltöffnungen an die Umgebung abgegeben.
☐ geben sie mittags über die weit geöffneten Spaltöffnungen kaum noch Wasser ab, weil diese dann der Wasseraufnahme aus der Luft dienen.
☐ schließen sie ihre Spaltöffnungen fast vollständig, um die Wasserabgabe an die Umwelt zu reduzieren.
☐ besitzen sie nicht mehr genügend Energie, um Wasser über die Spaltöffnungen an die Umgebung abgeben zu können.

Frage: Können Pflanzen „schwitzen"? 4
In einem Buch über Wüstenpflanzen las Nina vor kurzem, dass es in sehr trockenen Gebieten Pflanzen gibt, die sich durch besondere Baumerkmale vor zu hoher Wasserabgabe schützen. Weißt du, welche der folgenden Baumerkmale dem Schutz vor hohem Wasserverlust dienen? Kreuze **alle** richtigen Antworten an!

☐ sehr kleine Wurzeln
☐ ein dünner, langer Spross
☐ eine dicke, behaarte Blattoberfläche
☐ kleine Blätter
☐ einige wenige große Blüten
☐ viele Früchte

Abbildung 7.3 Fragen zur Pflanzenphysiologie

(im Curriculum) schon behandelt wurde. Vom internationalen Test wurde eine etwas geringere curriculare Validität erwartet, weil Testaufgaben im typischen PISA-Format generell eher selten im normalen Schulunterricht behandelt werden. Demgegenüber sind die Wissenselemente, die im nationalen Test vorausgesetzt werden, mit größerer Wahrscheinlichkeit in der Schule erworben.

Mehrere Lehrplanexperten haben alle nationalen und internationalen Aufgaben dahingehend eingeschätzt, ob der Unterrichtsstoff, der zur Lösung der Aufgabe benötigt wird, bis zur 9. Klassenstufe, also dem Jahrgang der PISA-Stichprobe, in den verschiedenen Schulformen behandelt wurde. Die Tabelle 7.1 zeigt das Ergebnis.

Das Ergebnis ist eindeutig, das heißt, die nationalen PISA-Aufgaben erfassen eher Wissensbereiche und Fertigkeiten, die im Unterricht behandelt wurden. Sie sind in diesem Sinne curricular valider. Für den eingangs dargestellten „Ost-West-Effekt" bedeutet dies, dass die Schüler der neuen Bundesländer stärker als die der alten davon profitieren, dass im nationalen Test das gemessen wird, was auch tatsächlich unterrichtet wurde. Die Schüler der östlichen Bundesländer brauchen sich mit ihrem Schulwissen nicht zu verstecken, das heißt, sie liegen im Leistungsniveau des nationalen Tests deutlich über den meisten anderen Bundesländern (mit Ausnahme von Brandenburg).

Darüber hinaus wurden die Lehrplanexperten befragt, in *welcher* Jahrgangsstufe der in den PISA-Aufgaben getestete Unterrichtsstoff in den einzelnen Bundesländern behandelt wird. Auch hier gibt es eine interessante Beobachtung: Wenn man den nationalen Test auf diesen Zusammenhang hin untersucht, wird deutlich, dass viele Inhalte – nämlich etwa 30 Prozent – bereits in der 8. Jahrgangsstufe der neuen Bundesländer unterrichtet werden. In den alten Bundesländern hingegen wird der Großteil des Stoffs, der für die Lösung der Aufgaben zur naturwissenschaftlichen Grundbildung relevant ist, erst in Jahrgangsstufe 9 unterrichtet. Tendenziell wird damit der Stoff in den alten Bundesländern ein Schuljahr später unterrichtet.

Ist diese Einschätzung richtig, kann dieser Unterschied ebenfalls eine Erklärung für den Leistungsvorsprung der neuen Bundesländer im nationalen Testteil sein. Dort sind viele Schüler mit dem abgefragten naturwissenschaftlichen Stoff bereits in der 8. Klasse vertraut und haben länger Gelegenheit, ihn zu festigen, als die Jugendlichen in Westdeutschland. Das frühere Unterrichten der Inhalte hat möglicherweise damit zu tun, dass

Schulform	Internationale PISA-Aufgaben	Nationale PISA-Aufgaben
Gymnasium	50	68
Realschule	55	79
Integrierte Gesamtschule	69	86
Hauptschule	52	75

Tabelle 7.1 Prozentsätze von Testaufgaben, deren Stoff nach Expertenmeinung bis zur 9. Klassenstufe im Unterricht behandelt wurde

die Schüler in den neuen Bundesländern schon nach zwölf Jahren ihr Abitur ablegen, und aus diesem Grund Unterrichtsinhalte früher und straffer gelehrt werden.

Es kann aber auch mit einer unterschiedlichen Lehrplantradition zusammenhängen, die festlegt, welcher Stoff wann unterrichtet wird. Schon vor 1989 wurde erforscht, dass bestimmte Inhalte in Ostdeutschland früher unterrichtet wurden als in Westdeutschland. Derartige Vergleiche zwischen Ost und West hat es zum Beispiel in den 1980er Jahren für die Lehrpläne der Chemie gegeben. Interessant ist in diesem Zusammenhang, dass im Osten der Stoff zwar früher unterrichtet wurde als im Westen Deutschlands, andere Ostblockstaaten wie Ungarn oder Rumänien hingegen viele Inhalte noch früher unterrichteten als Ostdeutschland. Es scheint eine deutsche Tradition zu sein, Lehrinhalte im Vergleich zu anderen Staaten relativ spät zu lehren, wobei diese Tradition in den alten Bundesländern stärker ausgeprägt ist als in den neuen Bundesländern.

7.1.1 Schulformen: Gymnasien

Um zu untersuchen, inwieweit der Ost-West-Unterschied schulformspezifisch ist, wurden die Leistungsprofile des nationalen und internationalen Tests für die Gymnasien berechnet. Diese Schulform ermöglicht einen einigermaßen fairen Vergleich zwischen den Ländern, wohingegen die Haupt- und Realschulen, aber erst recht die Integrierten Gesamtschulen zwischen den alten und neuen Bundesländern nicht vergleichbar sind. Ab-

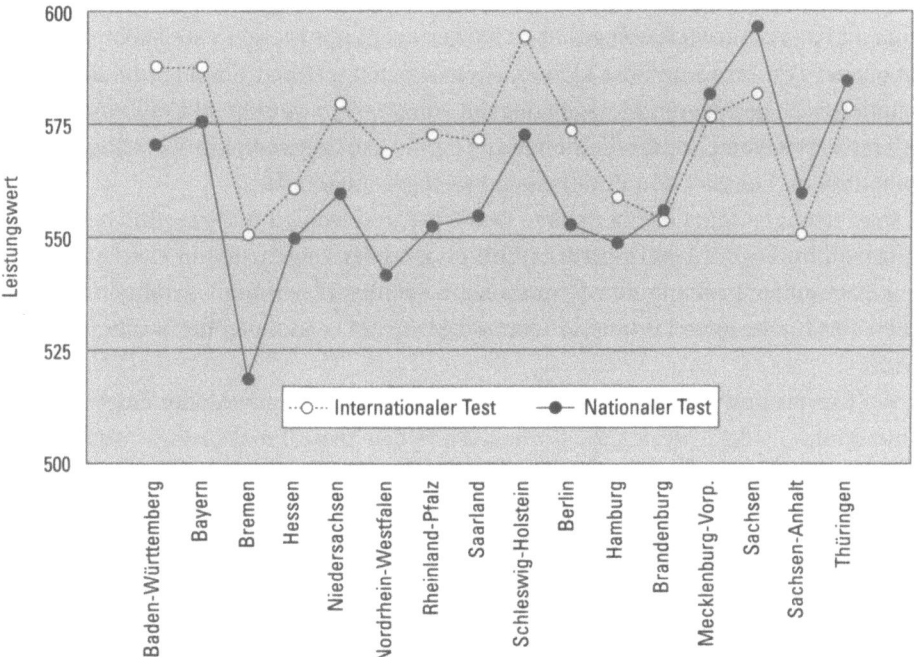

Abbildung 7.4 Länderprofile der Gymnasien für den nationalen und internationalen Naturwissenschaftstest

bildung 7.4 zeigt die Leistungsprofile der Gymnasien über die Bundesländer hinweg für beide Testteile.

Es zeigt sich in der Abbildung 7.4, dass der Überlegenheit der neuen Bundesländer im nationalen Testteil für die Gymnasien sogar ein deutlich schlechteres Abschneiden im nationalen Test – verglichen mit dem internationalen – gegenübersteht. Gymnasiasten aller alten Bundesländer sind im nationalen Test schlechter als im internationalen Test. Während das Sachwissen in den neuen Bundesländern die Gymnasiasten geradezu auszeichnet, scheint es in den alten Bundesländern keinen bedeutsamen Stellenwert zu haben. Hier sind die typischen PISA-Kompetenzen, nämlich mit gegebener Information umgehen zu können, stärker ausgeprägt.

Diesen Befund mag man unterschiedlich bewerten. Positiv ist sicherlich, dass gerade die PISA-Kompetenzen an den Gymnasien stark ausgeprägt sind, das heißt, die Gymnasiasten sind auf die Anforderungen eines Lebens in der Wissensgesellschaft gut vorbereitet. Als negativ kann man dabei erachten, dass die Ausbildung an Gymnasien nicht stärker mit dem Aufbau naturwissenschaftlicher Wissensstrukturen verbunden ist. Dass dies möglich ist, zeigen die Ergebnisse der neuen Bundesländer.

7.1.2 Schulfächer: Biologie, Physik/Chemie und Mathematik

Hier wird der Frage nachgegangen, inwieweit die Differenzen in den Testleistungen zwischen dem nationalen und internationalen Test auf Besonderheiten der naturwissenschaftlichen Disziplinen zurückzuführen sind. Die Abbildung 7.5 zeigt die Schülerleistungen in den naturwissenschaftlichen Fächern getrennt für den nationalen und internationalen Test. Aufgrund der kleinen Aufgabenzahl im Fach Chemie und der daraus resultierenden geringeren Messgenauigkeit konnte nicht zwischen Physik und Chemie differenziert werden, sodass die Abbildung 7.5 die Leistungswerte im Fach Biologie den kombinierten Chemie- und Physikergebnissen gegenüberstellt.

Interessant ist, dass der berichtete Ost-West-Unterschied im Wesentlichen auf die Aufgaben im Fach Biologie zurückzuführen ist. Hier zeigen sich in allen Schularten und insbesondere auch in den Gymnasien die deutlich besseren Leistungen im nationalen Test für die neuen Bundesländer und geringere Leistungen für die alten Bundesländer.

Für Chemie und Physik zeigt die Graphik in den neuen Bundesländern nicht so starke Unterschiede. Jedoch weisen die Gymnasien in den alten Bundesländern auch in Physik/Chemie den Trend auf, im nationalen Zusatztest schlechter abzuschneiden als im internationalen PISA-Test. Insgesamt zeigt die Unterscheidung nach Fächern, dass – über alle Schulformen hinweg betrachtet – die Ergebnisse in Biologie zu einem unterschiedlichen Abschneiden von alten und neuen Bundesländern im nationalen und internationalen Testteil beitragen.

Auch für das Fach Mathematik gab es in der PISA-2000-Studie einen nationalen Zusatztest, der aufgrund einer analogen Intention wie bei den Naturwissenschaften so konstruiert war, dass bestimmte schulnahe Fähigkeiten erfasst wurden. So enthielt er ver-

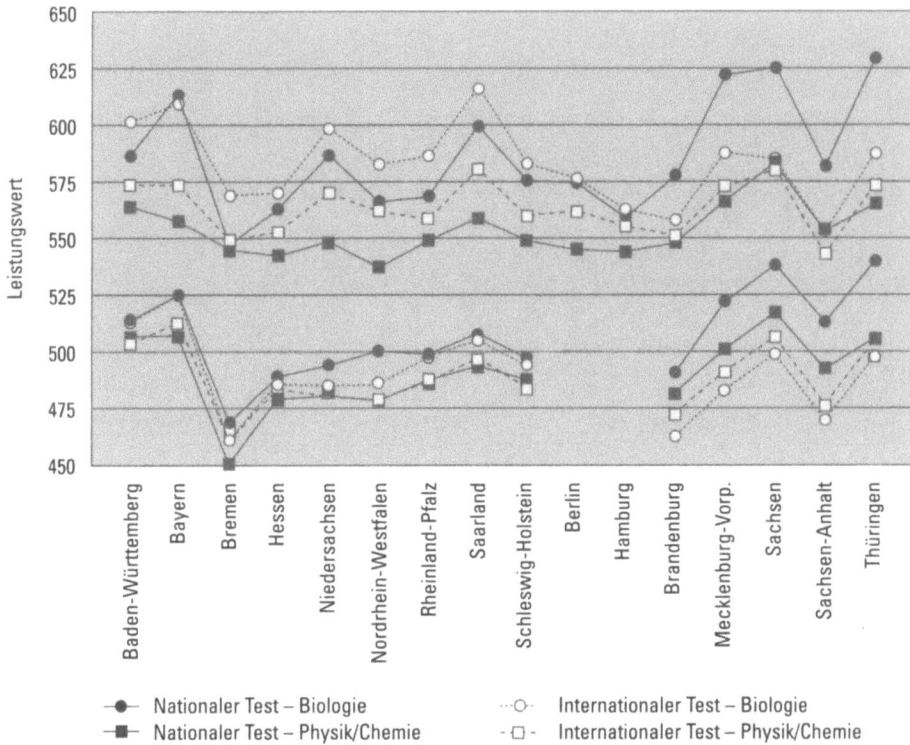

Abbildung 7.5 Fachspezifische Länderunterschiede im nationalen und internationalen Testteil (die oberen Profile beziehen sich auf die Gymnasien, die unteren auf alle Schulformen)

stärkt solche Aufgaben, bei denen „nur" die prozedurale Durchführung eines bestimmten Rechenwegs gefragt war. Mit den internationalen und nationalen Aufgaben, in denen derartige „technische Fertigkeiten" verlangt werden, wurde ein eigener Messwert errechnet. Daneben gab es noch zwei weitere Teilkompetenzen, die die Fähigkeiten zur rechnerischen und begrifflichen mathematischen Modellierung beinhalten (siehe Klieme, Neubrand, & Lüdtke, 2001).

Die Abbildung 7.6 zeigt die Länderprofile dieser drei Fähigkeitsdimensionen im Bereich Mathematik. Sowohl bei den unteren drei Profilen, die die Mittelwerte über alle Schulformen repräsentieren, als auch bei den drei Profilen der Gymnasien zeigt sich die Überlegenheit der neuen Bundesländer in den technischen Fertigkeiten. Allerdings findet bei den Gymnasien keine Umkehrung des Profilverlaufs in den alten Bundesländern statt.

Auch dieser Befund über die mathematischen Teilkompetenzen belegt die Interpretation, dass in den neuen Bundesländern offenbar mehr „gelernt und geübt" wird, also eine Lernkultur besteht, die der Wissensvermittlung und dem Einüben von Fertigkeiten einen höheren Stellenwert einräumt, als das in den alten Bundesländern der Fall ist.

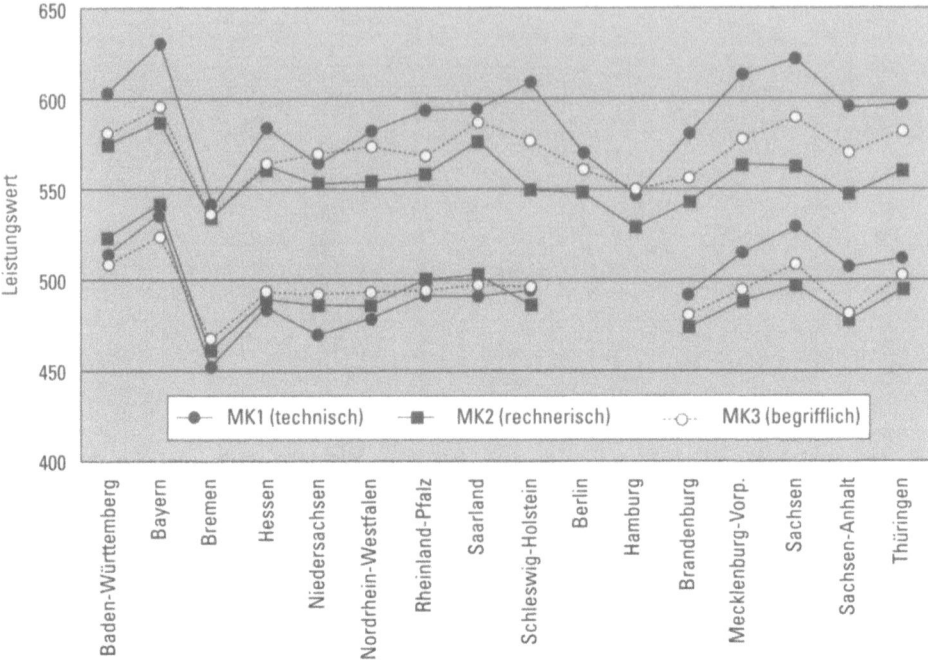

Abbildung 7.6 Die Länderprofile der Mathematikleistungen in allen Schulen (untere Profile) und in Gymnasien (obere Profile)

7.1.3 Faktenwissen und andere Teilkompetenzen

Dass sich der nationale Naturwissenschaftstest stärker auf das Schulwissen der Schüler bezieht, wurde schon mehrfach betont. Dies betrifft aber die Aufgaben des nationalen Tests in unterschiedlichem Ausmaß. Im Rahmen einer systematischen Analyse von Aufgabenmerkmalen (Prenzel u.a., 2002) konnten alle Testaufgaben danach klassifiziert werden, welches von fünf verschiedenen Aufgabenmerkmalen den Lösungsprozess der einzelnen Testaufgabe am stärksten prägt. Für die Aufgaben mit dem Merkmal „die Lösung erfordert eine Einbeziehung von Konzept- oder Faktenwissen" wurde ein getrennter Messwert errechnet und dem Messwert der anderen Aufgaben gegenübergestellt[1].

Die Aufgaben, die zur Lösung Konzept- und Faktenwissen erfordern, werden in Ostdeutschland wesentlich besser gelöst als in Westdeutschland. Im Unterschied zu den anderen Teilkompetenzen ist diese Kompetenz in den neuen Bundesländern (mit Ausnahme des Landes Brandenburg) wesentlich besser ausgebildet – und zwar sowohl in den Schulen generell als auch speziell in den Gymnasien. Demgegenüber ist diese Teilkompetenz in den alten Bundesländern, mit Ausnahme von Bayern, eher schlecht ausgebildet.

Dieses Ergebnis bestätigt im Wesentlichen, dass die Ost-West-Unterschiede im nationalen Test vor allem auf die Aufgaben zurückgehen, zu deren Lösung Konzept- und Faktenwissen erforderlich ist.

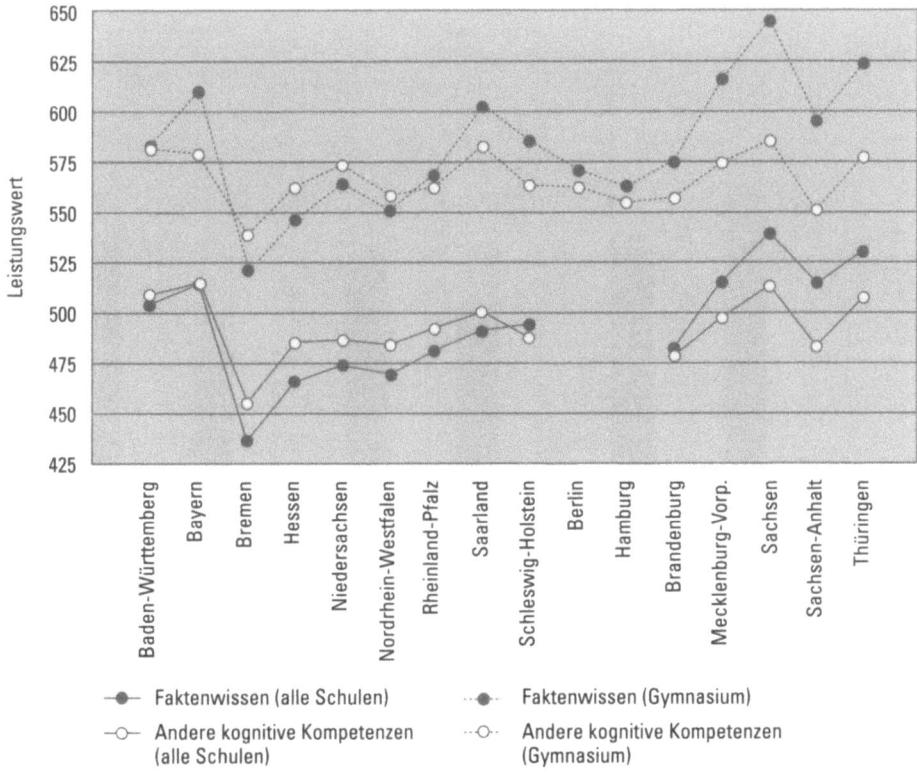

Abbildung 7.7 Die Länderprofile der Teilkompetenz „Faktenwissen" im Vergleich zu dem (mittleren) Profil der anderen vier Teilkompetenzen in allen Schulen (untere Profile) und in Gymnasien (obere Profile)

7.1.4 Geschlechterdifferenzen

Interessant ist in diesem Zusammenhang eine Gegenüberstellung der Geschlechterdifferenzen in den alten und neuen Bundesländern. In Kapitel 6 wurde bereits ein differenziertes Bild der Geschlechterdifferenzen gezeichnet, das an dieser Stelle um die Ost-West-Unterschiede erweitert werden soll. Der generelle Befund bestand darin, dass der „globalen" Überlegenheit der Mädchen im Bereich Lesen nur in wenigen Staaten eine Überlegenheit der Jungen im Bereich der Naturwissenschaften gegenübersteht. Während dieser Vorsprung der Jungen in Deutschland im internationalen Test sehr gering ist, steht er im nationalen Test in einer Größenordnung, die dem Vorsprung der Mädchen im Lesen vergleichbar ist.

Die Abbildung 7.8 zeigt diese Wechselwirkung für die alten und neuen Bundesländer getrennt. Hieraus ergibt sich zusätzlich zu den bereits bekannten Differenzen, dass im Lesen die alten den neuen Bundesländern überlegen sind und dass in den Naturwissen-

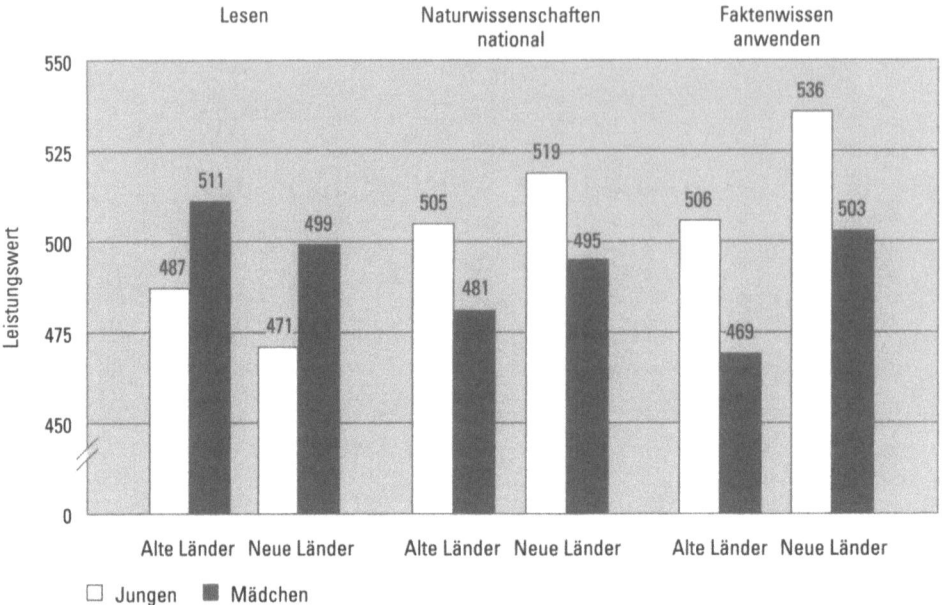

Abbildung 7.8 Geschlechterunterschiede im Lesen, im nationalen Naturwissenschaftstest und in der kognitiven Komponente „Faktenwissen anwenden" für alte und neue Bundesländer

schaften die neuen den alten Bundesländern überlegen sind. Für die westdeutschen Mädchen bedeutet dies, dass sie im Lesen besonders gut abschneiden, aber in den Naturwissenschaften besonders schlecht. Die ostdeutschen Jungen hingegen erbringen in umgekehrter Weise sehr gute Leistungen in den Naturwissenschaften und haben dafür enorme Defizite im Lesen.

Das rechte Drittel der Abbildung 7.8 zeigt, dass sich diese Geschlechterunterschiede in den Naturwissenschaften noch verstärken, wenn man nur die Leistungen bei den Testaufgaben betrachtet, die Konzept- und Faktenwissen voraussetzen. So wachsen die Geschlechterunterschiede von 24 Punktwerten im ganzen nationalen Test auf 37 bzw. 33 Punktwerte an, wenn man nur die Skala „Faktenwissen" betrachtet. Offensichtlich können die Mädchen bei diesen Aufgaben ihre Überlegenheit im Umgang mit Texten nicht „gewinnbringend" einsetzen und zum Beispiel die richtige Lösung durch Schlussfolgerungen aus dem Text erschließen.

Bezieht man jetzt den Ländereffekt mit ein, das heißt die Leistungsdifferenz von 30 bzw. 34 Punkten zwischen alten und neuen Bundesländern auf der Skala Faktenwissen, so ergibt sich, dass die ostdeutschen Mädchen mit 503 Punkten fast genauso gut sind wie die westdeutschen Jungen mit 506 Punkten. Der große Leistungsvorsprung der Jungen ist also auf die sehr guten Leistungen der ostdeutschen Jungen und die sehr schlechten Leistungen der westdeutschen Mädchen zurückzuführen.

Wenn es denn so ist, dass die Lernkultur in den neuen Bundesländern der Aneignung und Nutzung von Faktenwissen förderlich ist, so profitieren hiervon nicht nur die Jungen, sondern ganz offensichtlich auch die Mädchen.

7.1.5 Lernstrategien

Länderunterschiede zwischen Ost und West finden sich nicht nur in den naturwissenschaftlichen Kompetenzen, sondern auch in den Lernstrategien. Im Rahmen der PISA-Studie wird vielfach auf den Zusammenhang zwischen der Verwendung bestimmter Lernstrategien und der erreichten Leistung eingegangen, denn die Verfügbarkeit und Anwendung von angemessenen Lernstrategien stellen eine Voraussetzung für erfolgreiches Lernen dar (siehe hierzu auch Artelt, Demmrich, & Baumert, 2001; Rost u.a., 2003).

Der Erwerb von Lernstrategien ist von verschiedenen Faktoren abhängig, zum Beispiel von den Lernbedingungen in der Schule und zu Hause oder von der in Elternhaus und Schule vermittelten Lernkultur. Um die Lernstrategien der Schüler zu erheben, wurden die Schüler im PISA-Test zu ihrem Lernverhalten befragt. Dabei sollten sie selbst einschätzen, inwieweit sie Wiederholungsstrategien, Elaborationsstrategien und Kontrollstrategien verwenden. Die folgende Auflistung zeigt beispielhaft, wie die Fragen zu den drei wichtigsten Lernstrategien aussahen:

Teilt man den Lernstrategien eine Wertigkeit zu, so ist die Wiederholungsstrategie diejenige, die relativ wenig Kompetenzen erfordert. Einfach das auswendig zu lernen, was „drankommen" könnte, bedarf keiner großen Eigenleistung und Kreativität beim Lernen.

Wiederholungsstrategien	Wenn ich lerne, versuche ich alles auswendig zu lernen, was drankommen könnte.
Elaborationsstrategien	Wenn ich lerne, überlege ich, wie der Stoff mit dem zusammenhängt, was ich bereits gelernt habe.
Kontrollstrategien	Wenn ich lerne, überlege ich mir zuerst, was genau ich lernen muss.

Elaborationsstrategien und Kontrollstrategien sind deutlich anspruchsvollere Lernstrategien, bei denen sich der Schüler viel genauer überlegen muss, wie er sein Lernen organisiert.

Die Abbildung 7.9 zeigt eine deutliche Differenz bei den Lernstrategien in den alten und neuen Bundesländern. So liegen die Wiederholungsstrategien in den neuen Bundesländern weit über dem bundesdeutschen Durchschnitt. Das heißt, Jugendliche in Ostdeutschland – mit Ausnahme von Brandenburg – wenden Wiederholungsstrategien weitaus häufiger an als Schüler in den alten Bundesländern oder geben dies zumindest an.

Auch wenn es schwierig ist, den Zusammenhang zwischen Lernstrategie und Kompetenzentwicklung in einer für alle Schüler gültigen Art und Weise nachzuweisen, deuten diese Ergebnisse darauf hin, dass die gefundenen Leistungsunterschiede zwischen

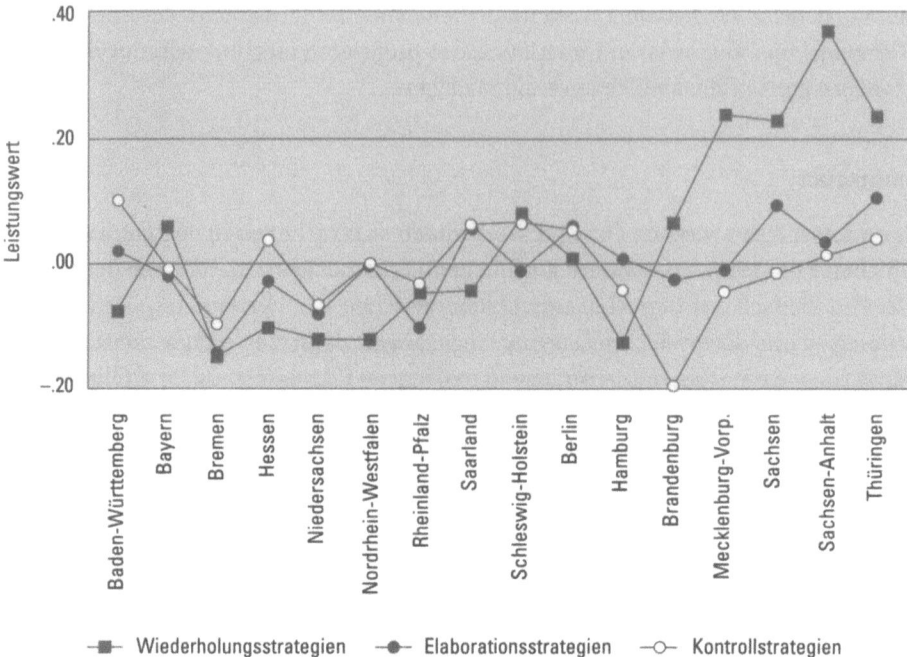

Abbildung 7.9 Berichtete Verwendung von Lernstrategien im Vergleich über alle Länder der Bundesrepublik

alten und neuen Bundesländern auch auf Differenzen im Lernverhalten zurückgeführt werden können. Die besseren naturwissenschaftlichen Kompetenzen ostdeutscher Schüler im Hinblick auf das Faktenwissen korrespondieren mit der im Osten weit verbreiteten Wiederholungsstrategie. Anders ausgedrückt, bestätigen die Ergebnisse, dass man unter Verwendung einer Lernstrategie, die sich auf das Wiederholen von Gelerntem konzentriert, sehr gut Fakten, Formeln und Konzepte lernen kann.

7.1.6 Institutionelle Unterschiede zwischen Ost und West

Zur Beschreibung der Lernkulturen gehören auch die institutionellen Unterschiede. Es stellt sich die Frage, ob die Bundesländer etwa hinsichtlich der Anzahl der Klassenwiederholer, der Klassengrößen oder der Zahl der Zurückstellungen bei der Einschulung voneinander abweichen.

Betrachtet man so genannte institutionelle Kontextbedingungen schulischen Lernens, sind die Differenzen zwischen den einzelnen Bundesländern relativ gering. Egal ob das Schulklima, die Schüler-Lehrer-Beziehungen oder die Einschätzung der Unterrichtsqualität durch die Schüler im Mittelpunkt der Betrachtung stehen, sind keine nennenswerten Unterschiede zwischen den Ländern erkennbar. Auch die Anteile der in der PISA-Studie untersuchten Schüler, die bei ihrer Einschulung zunächst zurückgestellt

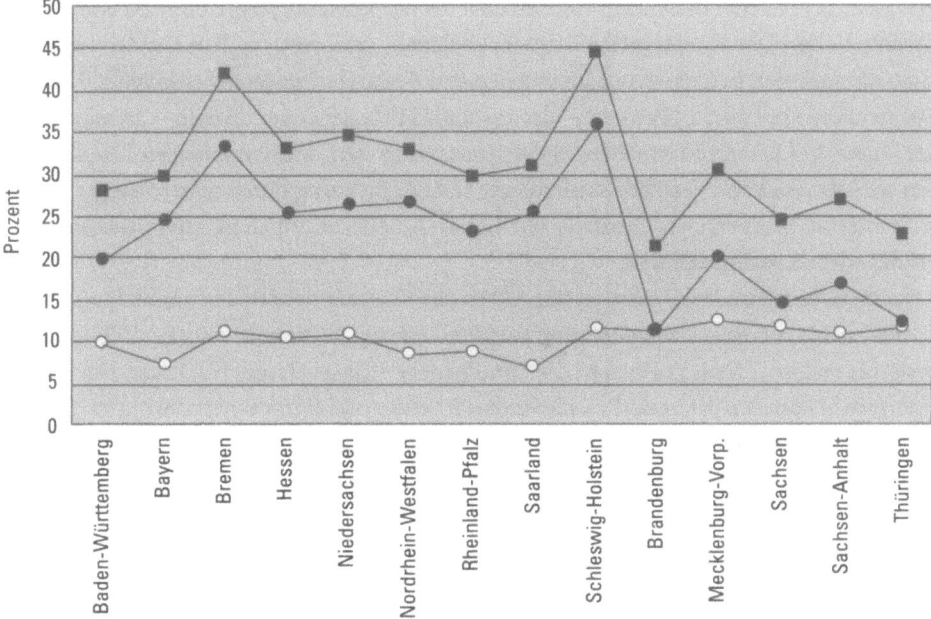

- ■ Schüler, die zurückgestellt wurden oder mindestens einmal eine Klasse wiederholt haben
- ● Schüler, die mindestens einmal eine Klasse wiederholt haben
- ○ Schüler, die bei der Einschulung um ein Jahr zurückgestellt wurden

Abbildung 7.10 15-Jährige (ohne Sonderschüler) nach Land der Bundesrepublik und Merkmalen der Schullaufbahn

wurden, zeigen keine nennenswerten Länderunterschiede. Sie schwanken zwischen 7 Prozent in Bayern und im Saarland und über 12 Prozent in Mecklenburg-Vorpommern. Die Anzahl der zurückgestellten Schüler im Osten ist mit durchschnittlich 11 Prozent höher als in den alten Bundesländern (im Durchschnitt 9 %). Doch handelt es sich hier nicht um signifikante Unterschiede.

Im Fall der Klassenwiederholungen sieht es anders aus. Hier zeigen sich deutliche Unterschiede zwischen den neuen und alten Bundesländern: In Brandenburg beträgt der Anteil der Wiederholer beispielsweise rund 11 Prozent, in Schleswig-Holstein rund 36 Prozent (siehe Abb. 7.10).

Nicht viel anders sieht es im Vergleich weiterer Bundesländer in Ost und West aus. Stets zeigen die Zahlen, dass in den neuen Bundesländern weitaus weniger Schüler eine Klasse wiederholen. Bildet man aus zurückgestellten Schülern und Wiederholern eine gemeinsame Untersuchungsgruppe, kommt man in den alten Ländern auf einen Anteil von 32 Prozent aller 15-Jährigen. Rund ein Drittel aller in Westdeutschland erfassten Schüler durchläuft demnach die Schule mit zeitlicher Verzögerung. In Schleswig-Holstein sind die Quoten für die Klassenwiederholer und zurückgestellten Schüler besonders hoch. 11 Prozent der Schüler werden dort bei der Einschulung in die 1. Klasse in die Vorschule oder den Kindergarten zurückverwiesen, und etwa 35 Prozent der Jugendlichen wiederholen in diesem norddeutschen Bundesland mindestens einmal die Klasse. Alles in allem sind dort 45 Prozent – also fast die Hälfte der Jugendlichen – um ein, zwei oder sogar drei Jahre hinter ihren Altersgenossen in den meisten anderen Bundesländern zurück. Ähnliche Verhältnisse in dieser Größenordnung findet man sonst nur noch im Stadtstaat Bremen, wo ebenfalls ein hoher Anteil (42 %) ungünstig verlaufender Schulkarrieren vorzufinden ist.

In den neuen Bundesländern ist der Anteil der Klassenwiederholer mit knapp 15 Prozent erheblich geringer als in den alten Bundesländern. In Brandenburg und Thüringen wiederholen nur 11 bzw. 13 Prozent der Schüler eine Klasse. Grund für diesen Ost-West-Unterschied könnten die anders ausfallenden Anteile von Migrantenkindern sein. In den neuen Bundesländern gibt es bei weitem nicht so viele Kinder, von denen mindestens ein Elternteil im Ausland geboren wurde, wie in den alten Bundesländern. Dieses Ungleichgewicht hat verständlicherweise mit der historischen Entwicklung der beiden deutschen Staaten zu tun. Die vielen ausländischen Schüler im Westen sind insbesondere wegen ihrer sprachlichen Benachteiligung, aber auch aufgrund sonstiger Lernschwierigkeiten wesentlich häufiger unter den Klassenwiederholern zu finden. Zahlen belegen, dass Kinder aus Migrantenfamilien häufiger als deutsche Schüler verspätet eingeschult werden und auch häufiger Klassen wiederholen. In den alten Bundesländern gehören 22 Prozent von ihnen zu den Zurückgestellten und rund 41 Prozent zu den Wiederholern; während es bei den 15-jährigen Ostdeutschen entsprechend 7 bzw. 21 Prozent sind.

Obwohl die Unterschiede zwischen Jugendlichen mit und ohne Migrationshintergrund groß sind, trägt dieser Befund nur wenig zur Aufklärung der Ost-West-Unterschiede in der Häufigkeit der Klassenwiederholer bei. Vielmehr zeigt sich, dass die Anzahl der Wiederholer in den neuen Bundesländern mit 14 Prozent auch unter den deutschen Schülern niedriger ist als in Westdeutschland. Erstaunlich ist in diesem Zusammenhang auch die hohe Differenz der Wiederholerquoten innerhalb der alten Bundesländer: In Baden-Württemberg beträgt die Quote „nur" etwa 20 Prozent, in Schleswig-Holstein fast 36 Prozent. Mit dem Vergleich dieser beiden Bundesländer wird klar, dass die relativ hohen Zahlen von Klassenwiederholern in Westdeutschland keineswegs allein durch relativ hohe Migrantenanteile bedingt sind. So ist der Anteil der 15-Jährigen, deren Muttersprache nicht Deutsch ist, in Baden-Württemberg mit gut 17 Prozent doppelt so hoch wie in Schleswig-Holstein, wo er nur 9 Prozent beträgt. Dennoch gibt es in Baden-Württemberg deutlich weniger Wiederholer. Die Ursachen für die unterschiedlichen Sitzenbleiber- und Wiederholerquoten in Ost- und Westdeutschland sind von daher eher bei länderspezifischen Versetzungsregeln oder aber in unterschiedlichen Traditionen im Lehrerverhalten zu suchen als bei Migrantenkindern. Zukünftige Untersuchungen sollten diese Aspekte vermehrt in den Blick nehmen. Ansätze für eine solche Untersuchung sind für PISA 2003 geplant, wenn gezielt Lehrer-, Schul- und Unterrichtsvariablen erhoben werden, von denen man sich mehr Einblicke in die Unterschiede zwischen den Bundesländern erhofft.

7.2 Fazit

Auch elf Jahre nach der Vereinigung sind noch die Spuren der beiden unterschiedlichen Bildungssysteme in Ost- und Westdeutschland zu sehen. Ist die PISA-Generation der 2000er Studie auch annähernd die erste Schülerkohorte, die nach dem reformierten Bildungssystem der neuen Bundesländer unterrichtet wurde, so heißt das nicht, dass von diesem Tag an alle Effekte früherer Traditionen verschwunden wären. Der Anteil an Schülern, die mindestens einmal „sitzen geblieben" sind, ist im Osten mit 15 Prozent deutlich niedriger als im Westen mit 25 Prozent. Dafür scheinen aber auch die Naturwissenschaften mit etwas mehr *drill and practise* gelehrt und gelernt zu werden, als es im Westen üblich ist. Gemeinsam mit der Tatsache, dass einige naturwissenschaftliche Themen in den östlichen Bundesländern früher unterrichtet werden als in den westlichen, hat dies zur Folge, dass die 15-jährigen Schüler der neuen Bundesländer über mehr Sach- und Konzeptwissen verfügen als ihre westdeutschen Mitschüler.

Die Kehrseite der Medaille liegt darin, dass die Schüler der neuen Bundesländer in den typischen PISA-Kompetenzen, wie sie mit dem internationalen Naturwissenschaftstest erhoben werden, schlechter abschneiden. Wie man an den Leistungsprofilen der westdeutschen Gymnasiasten sieht, gelingt es auch ihnen nicht, ihre wissensbezogenen Leistungen auf demselben Niveau zu halten wie ihre Kompetenz, aus naturwissenschaftlichen Texten die richtigen Schlüsse zu ziehen. Es stellt sich die Frage, ob der Aufbau von Wissensstrukturen und der Erwerb der Fähigkeit, mit gegebener Information umzugehen, partiell inkompatibel sind oder ob es sich um ein rein historisches Phänomen handelt, bei dem noch nicht zusammengewachsen ist, was eigentlich zusammengehört.

Anmerkung

[1] Tatsächlich wurden auch für die anderen vier Teilkompetenzen getrennte Messwerte berechnet und zwischen den Bundesländern verglichen. Es zeigten sich hier jedoch keine systematischen Ost-West-Unterschiede, sodass auf eine Darstellung der Profile verzichtet wird.

8 Was muss sich in unseren Schulen ändern?

PISA bescheinigt deutschen Schülern ein mittelmäßiges Abschneiden in allen Kompetenzbereichen. Trotz eigentlich guter Voraussetzungen gelingt es Deutschland nicht, an andere Spitzenländer heranzukommen. Viele Mängel im deutschen Bildungssystem sind mit PISA ans Licht gekommen, viel ist über Verbesserungsvorschläge seitdem diskutiert worden. PISA sollte man immer auch als Chance begreifen, Missstände aus dem Weg zu räumen und Reformen anzugehen. Eine positive Entwicklung nach PISA ist, dass die deutschen Bundesländer entschlossen sind, Konsequenzen aus PISA zu ziehen und sich den anstehenden Herausforderungen zu stellen.

Dieses Kapitel richtet seinen Blickwinkel auf zwei konkrete Handlungsfelder, und zwar auf die Schule und den naturwissenschaftlichen Unterricht. Damit soll die Reformbedürftigkeit auf anderen Ebenen nicht relativiert, sondern die Betrachtung auf diese beiden Perspektiven konzentriert werden. Die Schule nimmt nach wie vor für die Entwicklung von Kompetenzen eine Schlüsselrolle ein. Ihr werden eine hohe Verantwortung und zugleich viele Möglichkeiten zugesprochen, Fähigkeiten und Fertigkeiten von Kindern und Jugendlichen zu entwickeln. Laut PISA soll die Schule ein Ort sein, an dem neben den fachlichen Kompetenzen, insbesondere auch anschlussfähiges Wissen, die Fähigkeiten zu lebenslangem Lernen, Kreativität und Problemlösekompetenz sowie soziale und kommunikative Eigenschaften erlernt und vertieft werden. Die Idealvorstellung ist eine Schule, die den Schülern Rüstzeug mit auf den Weg gibt, mit dem sie kompetent und selbstbewusst ihr weiteres Leben meistern können, und nicht eine Schule, die lediglich das Erlernen von Faktenwissen in den Vordergrund stellt.

Geplante Reformen im Schulbereich werden nicht von heute auf morgen ihre Wirkung zeigen. Die Neuerungen lassen sich nicht gleichsam durch das Umlegen eines Hebels einführen. Wie bei vielen gesellschaftlichen Veränderungen ist ein langer und mühsamer Prozess zu erwarten, der eine kontinuierliche Überprüfung und Verbesserung verlangt, bis sich letztendlich positive Ergebnisse einstellen. Wirft man einen Blick auf andere OECD-Staaten, die bei PISA sehr gut abschneiden, fällt auf, dass viele von ihnen bereits vor Jahren begannen, grundlegende Veränderungen in ihren Bildungssystemen einzuführen. Ein Grund, warum sie heute so gut dastehen, ist auf die kontinuierliche Überprüfung und Reformierung ihrer Bildung zurückzuführen. In Kanada oder Skandinavien beispielsweise hat man in den letzten Jahren fortdauernde Umstrukturierungen vorgenommen. Nicht nur der Reformprozess des deutschen Bildungssystems insgesamt, auch die erforderlichen

Veränderungen an Schulen setzen an vielen verschiedenen Punkten an. Im Folgenden werden nach Ansicht der Autoren die wichtigsten von ihnen angesprochen, nämlich:
- die Einbeziehung von Kindergärten in das Bildungskonzept,
- Maßnahmen zur Herstellung von Chancengleichheit für alle Schüler,
- Leistungsdifferenzierung,
- Ganztagsschulen,
- Bildungsstandards.

Der zweite Blickwinkel auf notwendige Reformbemühungen rückt den naturwissenschaftlichen Unterricht in den Fokus. Waren die bisher genannten Reformansätze mehr oder weniger unspezifisch hinsichtlich einzelner Schulfächer oder inhaltlicher Domänen, sprechen die folgenden Aspekte speziell Fragen an, die den naturwissenschaftlichen Unterricht, dessen Defizite und mögliche Wege für positive Änderungen betreffen.

Auch hier gilt, dass nicht jeder Optimierungsansatz stringent aus den PISA-Ergebnissen folgt. Vielmehr gehen auch die Ergebnisse langjähriger Forschungstraditionen ein, die aus Sicht der PISA-Arbeitsgruppe des Instituts für die Pädagogik der Naturwissenschaften (IPN) herangezogen werden sollten, um den naturwissenschaftlichen Unterricht zu verbessern. Im Einzelnen werden die folgenden Ansatzpunkte diskutiert:
- zielorientierter Unterricht,
- Skripte naturwissenschaftlichen Unterrichtens,
- geschlechterspezifisches Lernen und Lehren,
- Alltagsvorstellungen.

8.1 Vorschulische Bildung

Obwohl der PISA-Test nur Schüler von weiterführenden Schulen untersucht, sollten die Ergebnisse der Studie auch zum Anlass genommen werden, über Konsequenzen für Kindergärten und Grundschulen nachzudenken. Besonders in dieser Phase des Lebens wird der Grundstein für Bildung gelegt. Die Kinder entwickeln ihre körperlichen und motorischen Fertigkeiten, lernen soziales Verhalten, eignen sich sprachliche Fähigkeiten an, die sinnliche Wahrnehmungsfähigkeit wird geschult und Phantasie und Kreativität entfalten sich. Kindergarten und Grundschule sollten sich zu ganzheitlichen Betreuungs-, Erziehungs- und Bildungseinrichtungen mit hohen qualitativen Standards entwickeln. Dabei sollten sie nicht vorrangig als sozialpädagogische Einrichtungen oder als „Aufbewahrungsort" verstanden werden, sondern als Bildungseinrichtung, die als ein äußerst wichtiges Element der Bildungslaufbahn eines Kindes fungiert. Um solche Ziele zu verwirklichen, müssen nicht nur die Konzepte des Kindergartens in Deutschland vielerorts umgekrempelt, sondern auch die Kapazitäten bereitgestellt werden, damit alle Kinder die Möglichkeit haben, einen Kindergartenplatz zu bekommen. Hier stößt man leider schnell an finanzielle und organisatorische Grenzen.

In vielen OECD-Staaten ist eine andere Form der Kindergärten Normalität. In Skandinavien werden die Kindergärten viel mehr in das gesamte Bildungskonzept des Landes integriert – dort sind sie wichtige Orte des Lernens. Die Ausbildung der Kindergärtner erfolgt an Universitäten und Fachhochschulen, wobei eine hohe fachliche Qualifikation angestrebt wird. Viele Bildungsexperten halten es für wünschenswert, dass im Kindergarten die am besten qualifizierten Pädagogen arbeiten, um Kinder in dieser wichtigen Zeit ihres Lebens optimal zu fördern.

8.2 Chancengleichheit für alle Schüler

Chancengleichheit für Kinder aus allen sozialen Schichten gilt schon seit vielen Jahrzehnten als ein wichtiges Bildungsziel. Dass die Realität in Deutschland anders aussieht, zeigt die PISA-Studie, und auch in diesem Berichtband wird dieses Thema ausführlich erläutert (siehe Kap. 5, in diesem Band). Faktoren wie soziale Herkunft oder Migration haben entscheidenden Einfluss auf die Bildungswege und die Kompetenzentwicklung von Schülern. In PISA 2000 wurde zum Beispiel festgestellt, dass die Chancen eines Kindes aus oberen Sozialschichten, ein Gymnasium zu besuchen, etwa drei- bis viermal so hoch sind wie die eines Kindes aus unteren sozialen Schichten. Für Deutschland konnte anhand zusätzlich erhobener Daten zudem gezeigt werden, dass dieser Zusammenhang auch bestehen bleibt, wenn die Kinder aus den beiden unterschiedlichen Schichten gleiche Intelligenz aufweisen. Nicht die Kompetenz der Schüler bestimmt damit die Bildungs- und Lebenswege deutscher Jugendlicher, sondern zu einem großen Teil ihre soziale Herkunft.

Ein Ziel deutscher Bildungsreformen sollte es sein, diese strukturelle Koppelung abzuschwächen. Eine verstärkte Sensibilisierung aller an Bildung beteiligten Personen ist dabei ebenso wichtig wie die besondere Beachtung und Förderung lernschwacher Schüler. Gerade sprachliche Schwächen von Schülern tragen in großem Maße dazu bei, dass sie auch in anderen Kompetenzbereichen schlechter abschneiden als ihre Alterskameraden. Die in Deutschland existierenden Förderstunden scheinen nicht wirksam genug oder zu spät eingesetzt zu werden. Ein frühzeitiger Abbau sprachlicher Defizite – gerade von Kindern, deren Muttersprache nicht Deutsch ist – sollte so früh wie möglich erfolgen und scheint erfolgversprechend. Wieder wird hier die hohe Bedeutung der vorschulischen Bildung deutlich, denn im Kindergarten können diese Defizite sehr effektiv ausgeglichen werden.

Dass die Koppelung zwischen sozialer Herkunft und Kompetenzen nicht so hoch wie in Deutschland sein muss, zeigen die skandinavischen Länder, zum Beispiel Schweden. Dort erreichen viele Kinder aus unteren sozialen Schichten oder Migrantenfamilien ähnlich gute Leistungen wie Schüler aus oberen Sozialschichten. Die schwedischen Kindergärten und Schulen unterstützen Kinder aus sozial schwachen Familien mit konsequenter Förderung, insbesondere in sprachlichen Kompetenzen. Bereits in der Vorschule wird der Schwedischunterricht so lange durchgeführt, bis die Kinder ihre Defizite nahezu ausgeglichen haben. Damit die soziale Herkunft nicht die schulischen Leistungen und Laufbahnen bestimmt, wird in Skandinavien weitaus mehr Geld für individuelle Förderung ausgegeben als in vielen anderen Ländern. Die Förderung von Kindern und

Jugendlichen aus unteren Schichten gehört zum Beispiel in Finnland zu einem der wichtigsten Ziele des Bildungssystems. Die Investitionen scheinen sich zu lohnen: In drei skandinavischen Staaten ist der Zusammenhang zwischen sozialer Herkunft, schulischen Leistungen und der Schullaufbahn sehr gering.

8.3 Leistungsdifferenzierung

Viele Reformvorschläge machen einen Gesichtspunkt besonders deutlich: In deutschen Schulen sollte es künftig einen anderen Umgang mit der Verschiedenheit von Kindern und Jugendlichen geben. Innerhalb der deutschen Bildungsstrukturen fällt es offensichtlich schwer, heterogene Gruppen angemessen zu unterrichten und zu fördern. Vielmehr wird versucht, homogene Gruppen von Schülern zu schaffen. Kinder und Jugendliche, die mit dem Großteil der Klasse nicht Schritt halten, werden in andere Schulformen versetzt oder wiederholen eine Klassenstufe. Die enorm hohen Zahlen der Rückstellungen, Wiederholer und Absteiger aus weiterführenden Schularten in andere Schulformen belegen diese Tendenzen.

Viele Bildungsexperten plädieren dafür, dass man sich in deutschen Schulen zunehmend von dem Gedanken verabschieden sollte, Klassenwiederholungen seien eine angemessene Form der Unterstützung. Im Einzelfall mag das Wiederholen für einen Schüler nützlich sein, im Allgemeinen ist es allerdings wenig erfolgreich. Das Wiederholen hat nicht den Effekt, den man erhofft. Anstelle von besseren Leistungen erreicht ein Großteil der Klassenwiederholer zum Beispiel nicht einmal das mittlere Niveau der nachfolgenden Klasse. Die Überlegung, dass ein Schüler in Biologie oder Mathematik seine Leistungen verbessert, wenn er den Stoff ein zweites Mal durchnimmt, scheint wenig erfolgversprechend.

Wieder zeigen skandinavische Länder, dass ein anderer Weg gut und sogar erfolgreicher funktioniert: Dort ist es üblich, dass alle Schüler einer Altersgruppe, und mögen sie in ihren Leistungen noch so verschieden sein, in einer Klasse gemeinsam unterrichtet werden. Dabei werden nicht nur insgesamt sehr gute Leistungen, sondern auch gute Ergebnisse in den einzelnen Leistungsgruppen erzielt. Heterogene Gruppen bieten für alle Schüler Lernanreize. Nicht nur die schwachen, auch die guten Schüler können von dem gemeinsamen Unterricht profitieren. Dies setzt aber geeignete pädagogische Konzepte voraus und eine entsprechende Mentalität bei Lehrern, Schülern und Eltern. Die Abkehr von einem homogenen Klassenmodell ist vermutlich in Deutschland ein wichtiger Ansatzpunkt zur Leistungssteigerung und besseren Integration von lernschwachen Schülern. Nicht nur für die Lehrer stellt der Umgang mit Heterogenität allerdings eine Herausforderung dar, der man in der Lehrerausbildung gerecht werden muss.

Mit einer individuellen Förderung der Schüler und dem Verbleib in ihrer gewohnten Klassenumgebung werden zudem die Verlängerung der Schulzeit und die Verteilung einer Altersgruppe auf mehrere Jahrgänge verhindert. Die Ergebnisse der PISA-Studie

Land	Dauer der Pflicht-schulzeit von ... Jahren	15-Jährige aus Klassenstufe ... (in %)			
		5, 6, 7 oder 8	9	10	11, 12 oder 13
Australien	6–15 bzw. 16	0,1	6,8	**75,8**	17,3
Belgien	6–18	5,6	28,1	**65,4**	0,9
Brasilien	7–14	42,3	**48,9**	8,9	–
Dänemark	7–16	5,9	**91,3**	2,8	–
Deutschland	6–18	15,9	**60,5**	23,5	0,1
Finnland	7–16	11,2	**88,8**	–	–
Frankreich	6–16	7,4	36,5	**53,3**	2,7
Griechenland	6–15	2,5	5,6	**76,1**	15,9
Irland	4–16	3,4	**62,0**	16,0	18,7
Island	6–16	–	–	**100,0**	–
Italien	6–15	1,3	16,3	**76,6**	5,8
Japan	6–15	–	–	**100,0**	–
Kanada	6 bzw. 7–16	2,3	13,0	**83,1**	1,5
Korea	6–15	–	0,9	**98,5**	0,6
Lettland	7–16	10,5	38,9	**50,2**	0,5
Liechtenstein	7–15	17,5	**79,1**	3,5	–
Luxemburg	5–15	18,8	**56,2**	25,1	–
Mexiko	6–16	14,7	31,3	**53,8**	0,2
Neuseeland	6–17	–	–	6,9	**93,1**
Niederlande	6–16	6,1	44,9	**48,9**	0,1
Norwegen	6–16	0,0	0,8	**98,4**	0,8
Österreich	6–15	5,0	46,3	**48,6**	0,0
Polen	7–14	–	**100,0**	–	–
Portugal	6–15	19,6	28,1	**52,0**	0,3
Russische Föderation	7–15	2,1	27,2	**70,1**	0,6
Schweden	7–16	2,1	**97,5**	0,4	–
Schweiz	6–15 bzw. 7–16	20,6	**65,2**	14,0	0,2
Spanien	6–16	2,3	25,3	**72,4**	0,0
Tschechische Republik	6–15	2,6	43,5	**53,8**	–
Ungarn	6–16	7,7	**57,2**	35,1	–
Vereinigtes Königreich	4 bzw. 5–16	–	0,0	33,7	**66,3**
Vereinigte Staaten	5, 6 bzw. 7–16 bzw. 18	3,6	39,6	**56,4**	0,4
OECD-Durchschnitt	in der Regel 6–16	5,6	37,1	**48,9**	8,4

Quelle: Schümer (2001, S. 413).

Tabelle 8.1 15-Jährige nach Land, Dauer der Pflichtschulzeit und Klassenstufe

zeigen deutlich, dass sich Jugendliche in Deutschland über viele Klassenstufen verteilen. Die untersuchten 15-Jährigen findet man von der 7. bis zur 10. Klassenstufe. In skandinavischen Schulen gibt es so gut wie keine Klassenwiederholungen. Alle Schüler eines Alters befinden sich in der gleichen Jahrgangsstufe (vgl. Tab. 8.1).

Auch die Überzeugung, dass eine *frühe* Selektion nach Begabung und Leistung eine bessere Förderung bewirkt, sollte man in Deutschland überdenken. Üblicherweise werden Schüler bereits nach der Grundschule anhand ihrer Kompetenzen auf die weiterführenden Schulen – Gymnasium, Hauptschule, Realschule – verteilt. Dieses Modell der frühen Trennung in verschiedene Schulformen gibt es in anderen europäischen Staaten kaum noch, zumindest nicht mit drei parallelen Schulformen. Länder, die bei PISA gut abschneiden, unterrichten ihre Schüler weit über die Grundschulzeit hinaus zusammen in einer Schulform. In Finnland oder Norwegen beispielsweise besuchen alle Kinder bis zum 16. Lebensjahr die gleiche Schulform.

8.4 Ganztagsschulen

Nicht erst nach dem Bekanntwerden der PISA-Ergebnisse wird vielerorts die Forderung nach der vermehrten Einführung von Ganztagsschulen geäußert. Auch in den Jahren zuvor, wenn Veränderungen des deutschen Bildungssystems thematisiert wurden, stand die Frage nach der Einführung von Ganztagsschulen häufig zur Debatte. Durch PISA hat diese Diskussion an neuer Brisanz gewonnen, denn es ist deutlich geworden, dass Staaten mit Ganztagsschulsystemen, die Unterricht und Freizeit miteinander verbinden, deutlich besser abschneiden als deutsche Schulen, in denen sich die Zeit in der Schule auf den Unterricht am Vormittag beschränkt oder der Unterricht – wie in der gymnasialen Oberstufe – bis in den Nachmittag hinein verlängert wird.

Die Ganztagsschulsysteme anderer Staaten sind mit Sicherheit nicht allein für das bessere Abschneiden verantwortlich. Dass es sich bei der Suche nach den Unterschieden zwischen den OECD-Staaten um viele Faktoren handelt, die das Abschneiden begünstigen oder verschlechtern, steht außer Frage. Aber es gibt auch einige triftige pädagogische Argumente, die den Schluss nahe legen, dass diese Staaten auch und besonders aufgrund dieser Schulform besser abschneiden.

Ganztagsschulen bieten die Möglichkeit zu einer intensiven Förderung der Kinder und Jugendlichen. Sie sind besonders für die Kinder wichtig, die zu Hause nicht die ideale Umgebung zum Lernen vorfinden. Wird die Schule für viele Stunden am Tag zum Lern- und Lebensraum der Kinder, können viele Defizite dort kompensiert werden. Nicht nur für lernschwache Schüler scheint sich die Ganztagsschule zu bewähren, auch Jugendliche, die gute Leistungen vorweisen, profitieren von dieser Schulform, denn sie können ihre guten Begabungen ausweiten. Eine individuelle Betreuung und Förderung besonders begabter Schüler – zum Beispiel durch die Teilnahme an Wettbewerben oder durch Kooperationen mit Unternehmen und Universitäten – kann gut am Nachmittag außerhalb der regulären Unterrichtszeit erfolgen.

Umfragen zeigen, dass sich auch Eltern vermehrt die Einführung von Ganztagsschulen wünschen. Gerade für berufstätige Eltern stellt diese Schulform eine enorme Entlastung dar, zumal dadurch die oft knapp bemessene verbleibende Zeit der Familien nicht mit dem Nachsehen von Hausaufgaben usw. gefüllt werden muss und so mehr Zeit für gemeinsame Unternehmungen bleibt.

In Deutschland haben Bund und Länder nach PISA etwa vier Milliarden Euro für ein Programm zur Förderung von Ganztagsschulen bewilligt. Dies ist ein wichtiger Schritt in Richtung einer verstärkten Förderung von Ganztagsschulen. Bessere Leistungen der Schüler werden sich aber nur dann einstellen, wenn die Ganztagsschule nicht lediglich als „Verwahrungsort" verstanden wird. Gute pädagogische Konzepte und Betreuungsangebote müssen ausgearbeitet werden, damit sich die Schulen zu beliebten Lern- und

Lebensräumen entwickeln können. Gerade Lernangebote im Bereich naturwissenschaftlicher Experimente und technologischer Anwendungen können den naturwissenschaftlichen Unterricht wirkungsvoll ergänzen.

8.5 Bildungsstandards und Lernziele

Die PISA-Ergebnisse haben in Deutschland zu weiteren Reformüberlegungen des deutschen Bildungssystems angeregt: Die Einführung so genannter nationaler Bildungsstandards. Durch PISA ist deutlich geworden, dass die üblichen Maßnahmen zur Sicherung von Qualität nicht zu den erwünschten Ergebnissen im Bildungssystem führen. Hinzu kommt, dass in Staaten, die insgesamt höhere Leistungen erreichen, eine systematische Evaluation und nationale Steuerung von Bildungszielen erfolgt. Die Kultusministerkonferenz (KMK) legt deshalb besonderen Wert auf die Ausarbeitung und Einführung von bundesweit geltenden Bildungsstandards.

Die nationalen Bildungsstandards versteht die KMK als übergeordnetes Gerüst, das festlegt, welche Kompetenzen Kinder und Jugendliche bis zu einer bestimmten Jahrgangsstufe erreicht haben sollen. Bildungsstandards konzentrieren sich auf die Kernbereiche eines Schulfachs und beschreiben, was an Ergebnissen in diesem Fach erwartet wird. Im Sinne des Bildungsverständnisses der OECD ist vorgesehen, dass die deutschen Bildungsstandards fachliche und fachübergreifende Qualifikationen formulieren, die für die weitere schulische und berufliche Entwicklung von Bedeutung sind und anschlussfähiges Lernen fördern.

Dabei sind die Bildungsstandards laut der KMK kein Ersatz für die Lehrpläne der Bundesländer. Bildungsstandards formulieren die Ziele, die Schüler bis zu einem bestimmten Zeitpunkt erreichen sollen, die Lehrpläne hingegen beschreiben und strukturieren konkret den Weg dorthin und haben damit eine andere Funktion. Bildungsstandards und Lehrpläne stehen in einem inhaltlichen Zusammenhang und sind Bestandteil eines einheitlichen Prozesses von Bildung und Erziehung. „Bildungsstandards in diesem Sinne standardisieren also gerade nicht den Prozess der Bildung, das heißt Lehren und Lernen; sie definieren hingegen eine normative Erwartung, auf die hin Schule erziehen und bilden soll. Die Wege dorthin, die genaue Einteilung der Lernzeit, der Umgang mit personellen Ressourcen sowie die Implementation von Standards und die notwendigen Unterstützungsmaßnahmen der Schulen bleiben den Ländern überlassen." (KMK, 2003, S. 7)

Die Expertise zur Einführung von Bildungsstandards (BMBF, 2003) geht allerdings davon aus, dass Bildungsstandards in Zukunft die aktuellen Lehrpläne ersetzen werden, da sie als übergeordnetes System ausreichend Ziele vorgeben. Bildungsstandards tragen zudem dazu bei, dass Schulen stärker ihre eigenen Wege bestimmen können. Die Ziele sind mit den Standards klar definiert, wie die einzelnen Schulen diese Ziele erreichen, bleibt ihnen selbst überlassen.

Eine weitere Erwartung geht dahin, dass Bildungsstandards zur Chancengleichheit im Bildungswesen beitragen. Die Ergebnisse von PISA 2000 haben vor Augen geführt, wie unterschiedlich die Leistungen der Schüler und die strukturellen Merkmale der Unterrichtsmethoden an verschiedenen Schulen innerhalb von Deutschland ausfallen. Auf der einen Seite könnten Bildungsstandards verhindern, dass die Unterschiede zwischen den Schülern einer Schule zu groß werden. Dabei wäre es denkbar, dass Bildungsstandards helfen, potenziell schwache Schüler frühzeitig zu identifizieren und gezielt zu fördern. Auf der anderen Seite sind die Bildungsstandards vermutlich hilfreich, um Unterschiede *zwischen* den Schulen auszugleichen. Auch wenn der überwiegende Teil der Unerschiede zwischen den Schulen durch die Schulform bedingt (und in diesem Sinne „gewollt") ist, zeigt sich in Untersuchungen immer wieder, dass es in Deutschland Schulen gibt, die ausgezeichnete Leistungen hervorbringen, und andere, die dieses hohe Niveau nicht so leicht erreichen. Durch Standards könnte man eine gemeinsame Ebene der Orientierung für die Schulen schaffen, an die sich alle allmählich annähern. Letztendlich könnten auch die Unterschiede zwischen den Bundesländern durch ein gemeinsames Bezugssystem reduziert werden.

Die Einführung von Bildungsstandards wird nicht das „Allheilmittel" für das deutsche Schulsystem sein. Auch wird es lange Zeit dauern, bis sie Wirkungen zeigen. In dieser Zeit müssen unterstützende Maßnahmen ergriffen werden: Lehramtsanwärter und Lehrer müssen mit den Standards vertraut gemacht werden. Sie müssen insbesondere ihre „diagnostische Kompetenz" schulen, das heißt erkennen können, wann ein Schüler die Standards erreicht hat und wann nicht. Speziell die Universitäten, an denen Lehrer ausgebildet werden, müssen die Standards den Studenten nahe bringen. Sie sollten Nutzen und Funktion erklären und den künftigen Lehrern vermitteln, wie man damit arbeiten kann.

Mitglieder der PISA-2000-Arbeitsgruppe am IPN halten es für wichtig, dass in deutschen Schulen generell mehr Ziele formuliert werden. Die Formulierung von Bildungsstandards gehe in die richtige Richtung, doch sollten noch mehr *übergeordnete* Ziele gesteckt und die Kompetenz der Lehrer gefördert werden, mit ihren eigenen Zielen im Sinne einer Selbstregulation umzugehen. Bisher gibt es in Deutschland zu wenig Anstrengungen in dieser Richtung, um zum Beispiel den Schülern klarzumachen, was sie am Ende eines Schuljahres oder am Ende ihrer gesamten Schullaufbahn können werden. Dieser Punkt spricht zugleich einen wesentlichen Gegenstand von Innovationen im naturwissenschaftlichen Unterricht an.

8.6 Zielorientierter Unterricht

Deutsche Physiklehrpläne schreiben für jedes Schuljahr neue, in sich abgeschlossene Themeneinheiten vor, die nur wenig aufeinander aufbauen. In einem Schuljahr wird Optik gelehrt, in einem anderen Elektrizitätslehre. Was die verschiedenen Bereiche miteinander verbindet, ist den Schülern oft genauso wenig bewusst wie ein klares Ziel, zu dem der Physikunterricht in seiner Gesamtheit oder für ein einzelnes Schuljahr führen soll. In anderen Ländern wird den Kindern und Jugendlichen viel deutlicher vorgeführt, wie ihre Lernziele aussehen: In Schweden zum Beispiel gibt es vom ersten Schultag an Hefte, in denen Wochen-, Monats- und Schuljahresziele so formuliert werden, dass die Schüler diese genau verstehen und selbst überprüfen können, welche der gesteckten Ziele sie am Ende erreicht haben. Dabei werden diese Lernziele mit Eltern, Lehrern und Schülern gemeinsam besprochen und sind auf jeden Schüler individuell zugeschnitten.

Die geringe Zielorientierung und auch die oft fehlende Kumulativität des naturwissenschaftlichen Unterrichts hängen mit der in Deutschland sehr ausgeprägten Betonung der Fächergrenzen und der Fachstruktur innerhalb der einzelnen Fächer zusammen. Zieldefinitionen, die von Anwendungskontexten ausgehen, zum Beispiel Energieversorgung oder Gentechnologie, lassen sich oft nicht in die Fachgrenzen von Physik, Biologie oder Chemie zwängen. Zieldefinitionen, die die Fachinhalte in den Vordergrund stellen, sind dagegen oft wenig motivierend für den Schüler und als Stoffsammlung eher input- als outputorientiert.

Zielorientiertes Unterrichten in den Naturwissenschaften sollte daher von allgemeinen Phänomenbereichen, Problemstellungen oder Anwendungskontexten ausgehen, ohne die Fächergrenzen allzu sehr zu betonen. Für viele Konzeptionen eines fächerübergreifenden oder integrierten naturwissenschaftlichen Unterrichts sind – insbesondere in den unteren Jahrgangsstufen – Fächergrenzen eher ein Hindernis als eine Hilfe zum zielorientierten Unterrichten. Dies mag in den oberen Jahrgangsstufen anders aussehen, wenn bei den Schülern ausreichend viel Wissen vorhanden ist, das nach einer Strukturierung verlangt.

8.7 Skripte naturwissenschaftlichen Unterrichtens

Naturwissenschaftlicher Unterricht läuft nach bestimmten Drehbüchern ab, die von der jeweiligen Unterrichtskultur und dem individuellen Erfahrungshintergrund der Lehrer abhängig sind. Im Rahmen von Videostudien hat sich gezeigt, das diese so genannten Unterrichtsskripte auch spezifisch für unterschiedliche Länder, bestimmte kulturelle Traditionen oder verschiedene Schulformen sein können.

Der naturwissenschaftliche Unterricht in Deutschland zeichnet sich durch eine starke Dominanz des so genannten fragend-entwickelnden Unterrichtsstils aus, bei dem der Lehrer die Schüler durch geschicktes Fragen zu einer bestimmten Einsicht geleitet, die die Schüler in ihre Wissensstruktur aufnehmen sollen. Der Prozess der Wissensaneignung besteht darin, dass die Schüler die Fragen des Lehrers beantworten und dabei die Erfahrung machen, dass das zu erwerbende Wissen logisch aus ihrem eigenen Wissenshintergrund ableitbar ist, bzw. der Schüler bereits über das betreffende Wissen verfügt. Eine gewisse Ähnlichkeit besteht zur sokratischen Gesprächsführung, in der der Schüler ebenfalls durch geschicktes Fragen zu einer Einsicht gelangt, von der der Lehrer ihn im Glauben lässt, er oder sie habe diese Einsicht aus sich selbst heraus gewonnen.

Trotz der suggerierten Eigenleistung bei dieser Methode der Wissensaneignung ist diese Form des naturwissenschaftlichen Unterrichts grundverschieden vom so genannten entdeckenden Lernen, bei dem die Schüler selbst gesteuert Fragen stellen und zu beantworten suchen.

Die Ergebnisse der TIMS-Video-Studie haben gezeigt, dass in anderen Ländern, zum Beispiel in Japan, eher ein problemorientiertes Unterrichtsskript im naturwissenschaftlichen und mathematischen Unterricht vorherrscht. Bei dieser Unterrichtsform wird der Schüler mit einem Problem konfrontiert und sucht zunächst einmal selbstständig oder in Partner- oder Gruppenarbeit nach eigenen Lösungen. Ein derartiger problemorientierter naturwissenschaftlicher Unterricht ist sehr viel schwieriger durchzuführen, da neben einem geschickten Zeitmanagement auch eine hohe Disziplin auf Seiten der Schüler vorauszusetzen ist sowie die Motivation, sich in Eigenarbeit mit den jeweiligen Themen zu befassen. Nicht zuletzt gehört zu dieser Unterrichtsmethode auch die Präsentation von möglicherweise falschen Problemlösungen auf Seiten der Schüler, wofür ein angstfreies und tolerantes Klassenklima Voraussetzung ist.

Maßnahmen für die verstärkte Nutzung anderer Unterrichtsskripte als das des fragend-entwickelnden Unterrichts müssen in der Lehreraus- und -fortbildung, aber auch durch Bereitstellung geeigneter Unterrichtsmaterialien realisiert werden. Die Tradition, dass Lehrer so unterrichten, wie sie selbst unterrichtet worden sind, muss unterbrochen werden, indem sich die universitäre Ausbildung ebenfalls um andere Lehr- und Unterrichtsmethoden bemüht. Die verstärkte Nutzung problemorientierter Unterrichtsformen ist sicherlich im Rahmen einer an Bildungsstandards orientierten Unterrichtsplanung leichter zu realisieren als im Rahmen einer an die Erfüllung der Lehrpläne orientierten Unterrichtsgestaltung.

8.8 Geschlechterspezifisches Lernen und Lehren

Die Geschlechterunterschiede im Bereich der naturwissenschaftlichen Kompetenzen sind in Deutschland anders als in anderen Ländern beachtlich groß und weisen ein typisches Muster auf. Insbesondere in den so genannten „harten" Naturwissenschaften wie Physik und Chemie ist der Vorsprung der Jungen beachtlich. Empirische Forschungen haben gezeigt, dass die Rollenverteilung zwischen Jungen und Mädchen im Klassenverband zu unterschiedlichen Lernbedingungen für beide Geschlechter führt und mit verantwortlich sein kann für die beobachteten Leistungsdifferenzen. Dabei spielen Geschlechterstereotype sowohl bei den Lehrern und Lehrerinnen als auch bei den Schülern selbst eine Rolle. Das gesellschaftliche Klischee, dass Naturwissenschaft und Technik nichts für Mädchen seien, kann sich in den kleinsten Details der Unterrichtsgestaltung wie zum Beispiel dem Frageverhalten der Lehrerinnen und Lehrer manifestieren. Aber auch vorschulische Einflüsse und Bedingungen des Elternhauses tragen zur geschlechterspezifischen Kompetenzentwicklung bei.

Auch hinsichtlich dieses Phänomenbereichs müssen Maßnahmen auf allen Ebenen des Bildungssystems ansetzen. Eine Orientierung der Unterrichtsthemen an den geschlechterspezifischen Interessenstrukturen ist ebenso sinnvoll wie eine problembewusste Zusammensetzung von Lerngruppen im Unterricht. Die angehenden Lehrerinnen und Lehrer sollten schon während der Ausbildung an die Probleme und Lösungsmöglichkeiten von geschlechterdiskriminierendem naturwissenschaftlichem Unterricht herangeführt werden. Dabei ist die zeitlich begrenzte Bildung geschlechterhomogener Lerngruppen zwar grundsätzlich als eine erfolgversprechende Maßnahme anzusehen, jedoch sind geschlechterhomogene Klassenverbände für den naturwissenschaftlichen Unterricht auch keine Lösung des Problems. So findet unter monoedukativen Bedingungen kein Austausch über Lernstrategien, Interessenstrukturen oder Verständnisprobleme zwischen Jungen und Mädchen statt, und bestehende Unterschiede können verstärkt statt ausgeglichen werden.

8.9 Alltagsvorstellungen

Der adäquate Umgang mit immer neuen Wissensinhalten und Informationen setzt voraus, dass die Schüler neue Informationen in ihren Wissensbestand einordnen und Zuordnungen vornehmen können, welches Wissen in welchen Handlungskontexten gebraucht wird. Studien zur Entwicklung naturwissenschaftlicher Wissensstrukturen haben gezeigt, dass vorwissenschaftliche Vorstellungen über den jeweiligen Phänomenbereich, so genannte Alltagsvorstellungen der Schüler, den Lernprozess behindern können bzw. dazu führen, dass neue Wissensinhalte nicht in die bestehenden integriert werden. Es entwickeln sich voneinander unabhängige Wissensstrukturen für schulische Kontexte und Alltagskontexte und schränken die Fähigkeit ein, bei der Lösung komplexer Probleme auf das gesamte Wissen zurückzugreifen. Lernen ist ein konstruktiver Prozess, und die Qualität dieser subjektiven Konstruktionen hängt stark davon ab, inwieweit es dem Lernenden gelingt, die Konstrukte und Konzepte zu integrieren und so zu einem vertieften Verständnis zu gelangen.

Ein viel versprechender Ansatz besteht darin, naturwissenschaftliches Wissen in den Kontexten zu vermitteln, in denen es später auch benötigt wird. Eine derartige Kontextualisierung von Wissen setzt allerdings neue Formen des Lehrens und Unterrichtens voraus, die sich erst in zweiter Linie an Sachstrukturen orientieren. In erster Linie muss es darum gehen, die subjektiven Konstruktionsprozesse der Schüler zu begleiten und auf die sinnvolle Einordnung des Gelernten auf Seiten der Schüler zu achten. Die Wissensstrukturen, die sich die Schüler im Laufe des Lernprozesses konstruieren, müssen sich hinsichtlich ihrer Brauchbarkeit im jeweiligen Anwendungskontext beweisen, wobei die Lehrer eine wichtige korrigierende Funktion haben.

Maßnahmen zum Erreichen dieser Ziele liegen vor allem im Bereich der Lehreraus- und -fortbildung, aber auch im Bereich der fachdidaktischen Forschung über Prozesse der Konstruktion naturwissenschaftlicher Wissensstrukturen und deren Anwendung in bestimmten Kontexten.

8.10 Fazit

In ihrer Gesamtheit haben die Ausführungen in diesem Kapitel deutlich gemacht, dass Veränderungen im deutschen Bildungssystem an vielen unterschiedlichen Aspekten ansetzen müssen. Bildung ist ein komplexes Zusammenspiel vieler Bereiche: Die Stärkung schulischer Selbstständigkeit und Eigenverantwortung in pädagogischen, finanziellen und personellen Fragen sind ebenso Gesichtspunkte wie die Anpassung der Lehrerausbildung an neue pädagogische und strukturelle Gegebenheiten. Aber auch die Unterstützung durch die Eltern oder das Ansehen der Lehrkräfte spielen eine Rolle.

Auf dem Weg zu einem System, das insgesamt besser funktioniert, weniger Unterschiede produziert und im internationalen Vergleich mithalten kann, werden viele Hindernisse auftreten, die identifiziert und behoben werden müssen. Dabei wird es besonders wichtig sein, gemeinsame Visionen und Strategien zu entwickeln. Auch kleine und schrittweise Verbesserungen sind lobenswert: Wenn es Deutschland gelingt, in den nächsten Jahren die Anteile von Schülern mit erheblichen Schwächen im Lesen, der Mathematik und den Naturwissenschaften klein zu halten und diese Anteile sich im internationalen Vergleich nicht verändern, ist dies schon ein beachtlicher Erfolg. Oder wenn die Koppelung von sozialer Herkunft und Kompetenzentwicklung verringert wird, und sei es nur um einen oder zwei Punkte, ist dies ebenfalls ein Fortschritt.

Mit Blick auf das Grundverständnis von Bildung und PISA sollte man nicht hoffen, dass Deutschland durch die Veränderungen im Bildungsbereich im Vergleich zu anderen Staaten den großen Sprung macht. PISA ist keine Olympiade, bei der die Staaten Rangplätze einnehmen, sondern ein Lernen voneinander und das Verorten der eigenen Leistungen soll mit PISA erreicht werden. Deutschland kann viele Dinge von erfolgreichen Staaten lernen, wobei nicht vergessen werden sollte, dass auch andere Staaten sich weiterentwickeln und ihre Bildungssysteme überdenken. Bis Deutschland Anschluss findet, wird es vermutlich lange dauern.

Äußerst positiv ist in Deutschland die Tatsache, dass PISA und die Ergebnisse wahrgenommen und diskutiert werden. Die gute allgemeine Botschaft von PISA ist, dass man Schule besser machen kann. Die für Deutschland gute Botschaft ist, dass PISA als Chance begriffen wird, Probleme anzugehen und Dinge zu verändern. Eine Reihe von Ländern, die bei PISA ebenfalls nicht gut abschneiden, machen die Studie anders als in Deutschland kaum zum Thema und betreiben eine regelrechte Abwehrstrategie. In einigen romanischen Ländern – in Italien oder Griechenland zum Beispiel – verdrängt man PISA und bezeichnet sie als Studie, die mit den Schultraditionen des Landes nicht zusammenpasst. Man geht dort auf Distanz zu PISA, die Studie wird nicht stark in der Öffentlichkeit diskutiert – vermutlich auch, weil man nicht so gut abgeschnitten hat.

Die notwendigen Konsequenzen liegen aber nicht allein im Bereich von strukturellen Veränderungen unseres gesamten Bildungssystems. Gerade im Bereich der Naturwissenschaften hat sich gezeigt, dass spezifische Maßnahmen für diese Fächer ergriffen werden müssen. Die in den letzten Jahrzehnten vielfach bestätigten und ergänzten Forschungsergebnisse zum Aufbau und zur Nutzung naturwissenschaftlicher Wissensstrukturen müssen berücksichtigt werden und schneller in die Lehreraus- und -fortbildung einfließen. Lieb gewordene Traditionen des Unterrichtens in naturwissenschaftlichen Fächern müssen überdacht und durch bessere Muster des Unterrichtens ersetzt werden. Die Geschlechterunterschiede im Bereich naturwissenschaftlicher Leistungen gehen letztlich zu Lasten der Berufsaussichten weiblicher Schulabgänger und erfordern Maßnahmen zur Berücksichtigung von Lernvoraussetzungen und Interessenstrukturen der Mädchen.

Literatur

Adams, R., & Wu, M. (2002). *PISA 2000 technical report*. Paris: OECD.
Artelt, C., Demmrich, A., & Baumert, J. (2001). Selbstreguliertes Lernen. In J. Baumert, E. Klieme, M. Neubrand, M. Prenzel, U. Schiefele, W. Schneider, P. Stanat, K.-J. Tillmann, & M. Weiß (Hrsg.), *PISA 2000. Basiskompetenzen von Schülerinnen und Schülern im internationalen Vergleich* (S. 271–298). Opladen: Leske + Budrich.
Artelt, C., Schneider, W., & Schiefele, U. (2002). Ländervergleich zur Lesekompetenz. In J. Baumert, C. Artelt, E. Klieme, M. Neubrand, M. Prenzel, U. Schiefele, W. Schneider, K.-J. Tillmann, & M. Weiß (Hrsg.), *PISA 2000. Die Länder der Bundesrepublik Deutschland im Vergleich* (S. 55–94). Opladen: Leske + Budrich.
Baumert, J., & Schümer, G. (2001). Familäre Lebensverhältnisse, Bildungsbeteiligung und Kompetenzerwerb. In J. Baumert, E. Klieme, M. Neubrand, M. Prenzel, U. Schiefele, W. Schneider, P. Stanat, K.-J. Tillmann, & M. Weiß (Hrsg.), *PISA 2000. Basiskompetenzen von Schülerinnen und Schülern im internationalen Vergleich* (S. 323–407). Opladen: Leske + Budrich.
Baumert, J., Stanat, P., & Demmrich, A. (2001). PISA 2000: Untersuchungsgegenstand, theoretische Grundlagen und Durchführung der Studie. In J. Baumert, E. Klieme, M. Neubrand, M. Prenzel, U. Schiefele, W. Schneider, P. Stanat, K.-J. Tillmann, & M. Weiß (Hrsg.), *PISA 2000. Basiskompetenzen von Schülerinnen und Schülern im internationalen Vergleich* (S. 15–68). Opladen: Leske + Budrich.
BMBF – Bundesministerium für Bildung und Forschung (Hrsg). (2003). *Zur Entwicklung nationaler Bildungsstandards. Eine Expertise*. Bonn: BMBF.
Deutsches PISA-Konsortium (Hrsg.). (2000). *Schülerleistungen im internationalen Vergleich. Eine neue Rahmenkonzeption für die Erfassung von Wissen und Fähigkeiten*. Berlin: Max-Planck-Institut für Bildungsforschung.
Erikson, R., Goldthorpe, J. H., & Portocarero, L. (1979). Intergenerational class mobility in three Western European societies: England, France and Sweden. *British Journal of Sociology, 30*, 341–415.
Kanders, M. (2000). *Das Bild der Schulen aus der Sicht der Schüler und Lehrer II*. Dortmund: Universität Dortmund, Institut für Schulentwicklungsforschung.

Klieme, E., Neubrand, M., & Lüdtke, O. (2001). Mathematische Grundbildung: Testkonzeption und Ergebnisse. In J. Baumert, E. Klieme, M. Neubrand, M. Prenzel, U. Schiefele, W. Schneider, P. Stanat, K.-J. Tillmann, & M. Weiß (Hrsg.). *PISA 2000. Basiskompetenzen von Schülerinnen und Schülern im internationalen Vergleich* (S. 139–190). Opladen: Leske + Budrich.

KMK – Sekretariat der Ständigen Konferenz der Kultusminister der Länder in der Bundesrepublik Deutschland. (2003). Entwicklung und Implementation von Bildungsstandards. <http://www.kmk.org/schul/Bildungsstandards/Argumentationspapier_stand-1.pdf> (Stand: Dezember 2003)

OECD – Organisation for Economic Co-operation and Development (Ed.). (2001). *Knowledge and skills for life: First results from PISA 2000*. Paris: 2000 [In deutscher Sprache: OECD. (2001). *Lernen für das Leben. Erste Ergebnisse der internationalen Schulleistungsstudie PISA 2000*. Paris: OECD].

OECD – Organisation for Economic Co-operation and Development (Ed.). (2003). *The PISA 2003 assessment framework: Mathematics, reading, science and problem solving knowledge and skills*. Paris: OECD.

Prenzel, M., Häussler, P., Rost, J., & Senkbeil, M. (2002). Der PISA-Naturwissenschaftstest: Lassen sich die Aufgabenschwierigkeiten vorhersagen? *Unterrichtswissenschaft, 30* (1), 120–135.

Robitaille, D. F. (Ed.). (1997). *National contexts for mathematics and science education: An encyclopedia of the education systems participating in TIMSS*. Vancouver: Pacific Educational Press.

Rost, J. (2004). *Testtheorie und Testkonstruktion* (2. Aufl.). Bern: Huber.

Rost, J., Carstensen, C. H., Bieber, G., Neubrand, M., & Prenzel, M. (2003). Naturwissenschaftliche Teilkompetenzen im Ländervergleich. In J. Baumert, C. Artelt, E. Klieme, M. Neubrand, M. Prenzel, U. Schiefele, W. Schneider, K.-J. Tillmann, & M. Weiß (Hrsg.), *PISA 2000. Ein differenzierter Blick auf die Länder der Bundesrepublik Deutschland* (S. 109–129). Opladen: Leske + Budrich.

Schümer, G. (2001). Institutionelle Bedingungen schulischen Lernens im internationalen Vergleich. In J. Baumert, E. Klieme, M. Neubrand, M. Prenzel, U. Schiefele, W. Schneider, P. Stanat, K.-J. Tillmann, & M. Weiß (Hrsg.), *PISA 2000. Basiskompetenzen von Schülerinnen und Schülern im internationalen Vergleich* (S. 411–427). Opladen: Leske + Budrich.

Stanat, P. (2003). Schulleistungen von Jugendlichen mit Migrationshintergrund: Differenzierung deskriptiver Befunde aus PISA und PISA-E. In J. Baumert, C. Artelt, E. Klieme, M. Neubrand, M. Prenzel, U. Schiefele, W. Schneider, K.-J. Tillmann, & M. Weiß (Hrsg.), *PISA 2000. Ein differenzierter Blick auf die Länder der Bundesrepublik Deutschland* (S. 243–260). Opladen: Leske + Budrich.

Stanat, P., & Kunter, M. (2001). Geschlechterunterschiede in Basiskompetenzen. In J. Baumert, E. Klieme, M. Neubrand, M. Prenzel, U. Schiefele, W. Schneider, P. Stanat, K.-J. Tillmann, & M. Weiß (Hrsg.), *PISA 2000. Basiskompetenzen von Schülerinnen und Schülern im internationalen Vergleich* (S. 249–269). Opladen: Leske + Budrich.

Stanat, P., & Kunter, M. (2003). Kompetenzerwerb, Bildungsbeteiligung und Schullaufbahn von Mädchen und Jungen im Ländervergleich. In J. Baumert, C. Artelt, E. Klieme, M. Neubrand, M. Prenzel, U. Schiefele, W. Schneider, K.-J. Tillmann, & M. Weiß (Hrsg.), *PISA 2000. Ein differenzierter Blick auf die Länder der Bundesrepublik Deutschland* (S. 211–242). Opladen: Leske + Budrich.

Abbildungsverzeichnis

Abbildung 1.1	Die Streuung der Naturwissenschaftsleistungen in ausgewählten Ländern	15
Abbildung 1.2	Leistungen in den Naturwissenschaften für 14 Länder der Bundesrepublik im Vergleich mit ausgewählten OECD-Teilnehmerstaaten	19
Abbildung 2.1	PISA-Teilnehmerstaaten	34
Abbildung 3.1	Wichtige naturwissenschaftliche Themen (mit Beispielen für zugeordnete Konzepte) für die Messung naturwissenschaftlicher Grundbildung	39
Abbildung 3.2	Aufgabenbeispiel aus dem internationalen Naturwissenschaftstest mit Zuordnung der Aufgaben zu den Kompezenzstufen	44
Abbildung 4.1	Die Stichproben zu PISA-I und PISA-E	50
Abbildung 4.2	In Deutschland implementiertes Testdesign (erster Testtag)	52
Abbildung 4.3	Verteilung der Kompetenzwerte auf der PISA-Skala unter Annahme einer Normalverteilung	54
Abbildung 5.1	Unterschied der mittleren Leseleistung von Schülern aus Familien des obersten und untersten Viertels der Sozialstruktur	60
Abbildung 5.2	Leistungswerte in den Naturwissenschaften für die Quartile der Sozialstruktur im OECD-Durchschnitt und für ausgewählte Teilnehmerstaaten	62
Abbildung 5.3	Unterschiede in der Lesekompetenz von 15-Jährigen aus Familien mit und ohne Migrationshintergrund (Staaten mit mindestens 2,5 % fremdsprachigen Zugewanderten)	64
Abbildung 5.4	Prozentsatz der 15-Jährigen in den Schulformen (getrennt nach Sozialschichtzugehörigkeit)	66
Abbildung 5.5	Lesekompetenz der 15-Jährigen nach Sozialschichtzugehörigkeit ohne Kontrolle der Bildungsbeteiligung und mit Kontrolle der Bildungsbeteiligung	70
Abbildung 5.6	Lesekompetenz von Schülern nach Sozialschichtzugehörigkeit, die maximal Kompetenzstufe I bzw. Kompetenzstufe V erreichen	71
Abbildung 5.7	Naturwissenschaftliche Kompetenz der 15-Jährigen nach Sozialschichtzugehörigkeit ohne Kontrolle der Bildungsbeteiligung und mit Kontrolle der Bildungsbeteiligung	73

Abbildung 5.8	Anteil der 15-Jährigen in den Schulformen nach Migrationshintergrund der Familie	74
Abbildung 5.9	Leistungswerte und Leistungsverteilungen in den Naturwissenschaften der Neuntklässler mit und ohne Migrationshintergrund in 14 Ländern der Bundesrepublik Deutschland	77
Abbildung 6.1	Mittlere Leistungsunterschiede zwischen Jungen und Mädchen im Leseverständnis, in der mathematischen und naturwissenschaftlichen Grundbildung (für ausgewählte OECD-Teilnehmerstaaten)	85
Abbildung 6.2	Anteile von Jungen und Mädchen auf der Kompetenzstufe I im OECD-Durchschnitt und in Deutschland für die Kompetenzbereiche Lesen, Naturwissenschaften und Mathematik	87
Abbildung 6.3	Leistungsunterschiede in Teilbereichen der Kompetenzen Lesen, Mathematik und Naturwissenschaften	88
Abbildung 6.4	Leistungsunterschiede zwischen Jungen und Mädchen in den kognitiven Kompetenzen	89
Abbildung 6.5	Leistungsunterschiede zwischen Mädchen und Jungen der 9. Klassenstufe im Gesamttest Lesen, in Mathematik und in Naturwissenschaften nach Ländern der Bundesrepublik	91
Abbildung 6.6	Leistungsunterschiede zwischen Jungen und Mädchen in Mathematik und in Naturwissenschaften nach Bildungsgängen	93
Abbildung 6.7	Jungenanteil in 9. Klassen der Gymnasien nach Ländern der Bundesrepublik	95
Abbildung 6.8	Leistungsunterschiede zwischen Mädchen und Jungen der 9. Klassenstufe im Gesamttest Lesen, in Mathematik und in Naturwissenschaften innerhalb von Schulen nach Ländern der Bundesrepublik	96
Abbildung 7.1	Länderprofile für den nationalen und internationalen Naturwissenschaftstest	100
Abbildung 7.2	Fragen zur Akustikaufgabe	102
Abbildung 7.3	Fragen zur Pflanzenphysiologie	102
Abbildung 7.4	Länderprofile der Gymnasien für den nationalen und internationalen Naturwissenschaftstest	105
Abbildung 7.5	Fachspezifische Länderunterschiede im nationalen und internationalen Testteil	107
Abbildung 7.6	Die Länderprofile der Mathematikleistungen in allen Schulen und in Gymnasien	108
Abbildung 7.7	Die Länderprofile der Teilkompetenz „Faktenwissen" im Vergleich zu dem (mittleren) Profil der anderen vier Teilkompetenzen in allen Schulen und in Gymnasien	109
Abbildung 7.8	Geschlechterunterschiede im Lesen, im nationalen Naturwissenschaftstest und in der kognitiven Komponente „Faktenwissen anwenden" für alte und neue Bundesländer	110

Abbildung 7.9   Berichtete Verwendung von Lernstrategien im Vergleich über
                alle Länder der Bundesrepublik   112
Abbildung 7.10 15-Jährige (ohne Sonderschüler) nach Land der Bundesrepublik
                und Merkmalen der Schullaufbahn   113

Tabellenverzeichnis

Tabelle 1.1	Mittelwerte der OECD-Teilnehmerstaaten in PISA 2000 für die Kompetenzbereiche Naturwissenschaften, Lesen und Mathematik	13
Tabelle 1.2	Verteilung der Schüler auf die Kompetenzstufen naturwissenschaftlicher Grundbildung in ausgewählten Teilnehmerstaaten	16
Tabelle 2.1	Zusammenfassende Darstellung der PISA-Dimensionen	28
Tabelle 3.1	Kompetenzstufen der naturwissenschaftlichen Grundbildung	42
Tabelle 4.1	Latente und dazu korrespondierende messfehlerreduzierte Korrelationen	55
Tabelle 5.1	EGP-Klassen nach Erikson, Goldthorpe und Portocarero (1979)	67
Tabelle 5.2	Leistungswerte der 15-Jährigen in den drei Kompetenzen nach Migrationsgeschichte der Familie	76
Tabelle 5.3	Mittlere Leistungswerte von 15-Jährigen, deren Eltern im jeweiligen Teilnehmerstaat geboren sind und die in der Familie die jeweilige Testsprache sprechen	79
Tabelle 7.1	Prozentsätze von Testaufgaben, deren Stoff nach Expertenmeinung bis zur 9. Klassenstufe im Unterricht behandelt wurde	104
Tabelle 8.1	15-Jährige nach Land, Dauer der Pflichtschulzeit und Klassenstufe	121

If you have any concerns about our products,
you can contact us on
ProductSafety@springernature.com

In case Publisher is established outside the EU,
the EU authorized representative is:
**Springer Nature Customer Service Center GmbH
Europaplatz 3, 69115 Heidelberg, Germany**

Printed by Libri Plureos GmbH
in Hamburg, Germany